北京中轴线传说

杨建业 著

那些老北京故事中关于中轴线的传说

作家出版社

传说

本书是 2024 年北京市东城区非物质文化遗产专项支持资金支持项目

目录

美味佳肴的典故

妙趣天成的神迹

皇亲国戚打卡地

序　我和北京中轴线的缘分

杨建业

很多人小时候的一个乐趣就是，傍晚时分，坐在院子里，听大人们聊天。当然，院子里要是种了些花花草草，甚至有架葡萄就更好了。我们家门前当时就有这么架葡萄。大院子的邻居屋前都种些月季、薄荷、苏子之类的，我爷爷拿回几枝葡萄秧子插在门前空地上，让我浇水养着。我也不知道它什么时候需要水，每天放学回来就接桶水浇上去。我小姑姑说，你非把它浇死。可没想这几根秧子长得真快，第二年就用竹竿搭架子满处爬了。后来，每年入冬前刨土让葡萄架入地，到开春再把葡萄架刨出来上架就都成了我的活。院子里的同学也愿意帮忙，自然大家更喜欢的，还是聚到葡萄架这里来听大人们讲故事。

那时候，各家住的房子都是按人口平均

分下来的，面积都不大。除了睡觉不得不回屋去，别的时候，男人们不论是大人还是孩子，都更愿意到院子里来找人闲扯。这本书里的很多故事，就是我那时候听来的。我爷爷、我爸、我叔，还有街坊四邻的叔叔、大爷，以及一些大哥哥们，一说起北京中轴线上那些神乎其神的传说，都很来劲儿！仿佛那些抓不住、摸不着的各路大仙们的事情，他们都是亲眼所见，或者就曾经发生在自己身上似的。

每个人在自己生活的城市，都会有一个与私人生活密切相关的地方。让我在北京选一个这样的地方，那就是中轴线，没有之一。

我出生在天桥，小学在福长街，中学升到育才。育才学校是一所创办于延安时期的学校，到北京后的校舍用的是与天坛隔着中轴线相望的先农坛。课间休息，我常会跑到观耕台上去过过风。那座汉白玉的台子保存得很完整。老师说，这台子是皇帝每年来看天下收成的地方。观耕台四边的松柏树长得很密，站在台子上，看我们的教室都隐隐约约的了。但让老师那么一说，我每次站到台子上去的时候，好像真觉得自己心中有了天下似的。

开始认字读书后，我的小人儿书和字书都是在前门大街上的那几家书店买的。当时，天桥的十字路口南边路西有一家新华书店，过了珠市口路东有家中国书店，在靠近大栅栏入口的西南高台阶上有家新华书店，进了大栅栏里面还有家新华书店。

我的星期天，大都是在这几家书店里过的。现在想想，童年那会儿真的很单调，错失了很多可能更好玩的东西。

也有一件好玩的事，我一直记着。我十二岁那年，我妈给我五块钱，说你本命年了，想吃什么就自己去买。珠市口南边路西，当时有家津风包子铺，卖的天津包子特别好吃。比我后来吃到的所谓天津包子都好吃百倍。生日那天中午，我让我妈别做主食了，我到津风包子铺去端了几斤包子回家。这家包子铺后来改了几次店名，到我上班时还开着。有时我下夜班，也会拉着住在前门头条的同事一起到包子铺，吃二两包子再回家睡觉。

后来我搬到中芭去住，远离了中轴线一些。但每天去技工学校，后来每天上下班，都要出永定门。再往后，我调到坐落在磁器口的原崇文区文化馆当创作员。每天上下班，我都要骑着自行车从珠市口穿过中轴线。要是出来得早点儿，就拐一下到鲜鱼口里的天兴居喝碗炒肝。

2003年，全国开始民族民间文化遗产普查，后来改叫非物质文化遗产普查。从那时起，我的工作就重点在非遗上了。中轴线上众多的老字号，后来都被列入非物质文化遗产名录。2010年，原东城区与原崇文区合并成立新的东城区。我原本的工作区域只是从永定门到故宫这段，合并成新东城区后，跨越景山直达钟鼓楼。中轴线全线畅通了！我也全身心地踏入了"中国理想都城秩序的杰作"营造的壮美境界。

2004年，永定门城楼复建完成。城楼具备开放功能后，我们在北广场举办了一场大型文艺演出，为北京中轴线南端的完美呈现雀跃欢呼。那天晚上，城楼周边高高低低的树上都爬满了观看的人。这之后，永定门城楼南北的两个文化广场，举办了多次文艺演出和文化活动，我撰写了其中大部分活动的策划方案和主持词。2008年前门大街开街，2009年鲜鱼口开市，2011年开始举办前门历史文化节……我一次次带着非遗传承人的队伍走上中轴线。2012年，我们策划组织了第一届"中轴诗会"，汇集众多原创作品和众多名家参加的颁奖演出在前门箭楼上举行。这个活动十分成功，至今想起来仍感到心情激荡。后来，这个诗会搬到了钟鼓楼广场上，仍是中轴线上的一道风景。

2008年，我收集、整理出来的"前门的传说"，申报成为北京市级非物质文化遗产。2011年，我撰写的《前门和前门的传说》由中国社会出版社出版。2012年，列入"非物质文化遗产丛书"的《前门的传说》由北京出版社出版。我编创的话剧《前门人家》在鲜鱼口的天乐园剧场上演。2016年，我编导的以天桥撂跤为题材的话剧《摔出一片天》首演。演出十多场后，我把它带到了天桥艺术中心。2017年3月，在小剧场连演5场。天桥的故事回归了天桥的艺术殿堂。2018年，我编导的景泰蓝题材的话剧《工匠的天空》搬上舞台。2022年，北京市文化旅游局组织编写的"北京中轴线文化游典丛书"由北京出版社出版，我撰写了其中的非遗专册《技艺》。

《北京中轴线传说》一书，是我多年生活和工作的积累。

传说是什么？按照我们做非物质文化遗产普查和命名的归类，传说归属于"民间文学"项，在十大类非遗分项中位列榜首。从某些学术研究的角度来说，民间传说是存留于社会大众口头上的历史，是人们对一个国家、一个民族、一座城市或一个地区的集体记忆。传说不需要历史的真实，但传说又依附着真实存在的历史档案、文物遗存和人物事件。

传说不是历史本身，但因为有历史做影子，所以，在传说中的历史显得更有血有肉，不会说话的文物也有了声音，纸面上的古人形象更加鲜活。这就是为什么中国人口耳相传的三国，不是来自《三国志》，而更多的是来自《三国演义》的原因。

如果表述得高大上一些，那么可以这样说，传说，对一些人来说是故事，传说对一些人来说可能是一种理念的表达，传说或许是人生的一种诉求。非物质文化遗产的重要特征之一就是人的活态传承，中轴线传说与那些凝固的建筑相比，赋予中轴线的生命力更加鲜活，更加生动，更具传播力。

2023年下半年，前门的传说的项目保护单位——北京市东城区京城非遗人才协会策划组织了一次"前门的传说小小传承人大赛"。在策划和筹备这个活动时，我的确有过忐忑。当年，在胡同中，在大院里，孩子们围坐在星光月色下，听爷爷、爸爸、伯伯、叔叔们讲故事的场景，还会再现吗？结果是，这

　　　　　　　　　　序　我和北京中轴线的缘分

次面向中小学生的活动十分成功。多所中小学校的同学们积极踊跃报名参加比赛，海外华校的学生也发来了他们的参赛作品。同学们用表演、绘画、手工技艺和视频作品参与的方式，交上精心创作的一件件诚意满满的作品。

北京中轴线的无穷魅力，特别是申遗成功，促使人们更热切地关注中轴线、更迫切地了解中轴线、更急切地融入中轴线。希望我这本《北京中轴线传说》能给读者架起一座有益的桥梁。

本书的出版首先要感谢责任编辑宋辰辰。"前门的传说小小传承人大赛"，宋辰辰是评委之一。她对我说，您熟悉北京中轴线上的传说故事，干吗不整理出本书，让大家都看到？您写出来，我们作家社出。她的建议，是促成我完成本书的动力。

本书的插图来自两部分。其中一部分出自东男兄。王东男是我以前在文化馆工作时的同事、专业画家，当年我整理前门传说时，他曾经绘制过大量相关插图，是位描画北京题材作品的高手。另一部分是来自中央工艺美术学院附中的同学们。

"前门的传说小小传承人大赛"中，工美附中同学们提交的作品让我感受到了他们对传统文化的热爱，也看到了他们深厚的绘画功底。这所学校的校长王泽旭是非遗项目的代表性传承人，同学们在日常学习和生活中，对非物质文化遗产的学习和认知显然具有独特的优势。当《北京中轴线传说》进入编排阶段时，对书中的插图有几种方案。我想到了工美附中的同学们。中轴线传说传承数百年，每一个故事里都有着岁月的沉积，如果由青少年来进行配图，用他们的角度来呈现传统文化，会是对非物质文化遗产当代传承一次非常完美的诠释。当我拜请王泽旭校长时，他很爽快地答应下来。在万培副校长的指导下，十几位同学承担下重任，并很快完成了插图的绘制。当读者们翻看本书时，一定会被这些精美的插图所吸引。

感谢北京市东城区文化和旅游局对《北京中轴线传说》出版的大力支持。中轴线大部分区域都在东城区，相信随着《北京中轴线传说》的出版，在中轴线上会涌现更多的非遗传承与传播活动。

让我们相约北京中轴线。在灿烂明艳的霞光里，在浓情蜜意的夕阳余晖里，在沉沉欲醉的细雨间，在飘飘欲仙的雪花间，让《北京中轴线传说》做我们这些"中轴线上人"的信物。

每个时代都有每个时代的传说，有的转瞬即逝，有的恒久流传。青春，永远都是人生最可期的时光。希望每个人能用梦想缔造人生，用传说滋养生活。让岁月流传下来的每一个传说，都成为凝聚北京风韵的基石。让每个人的砥砺前行，都成为千年古都的一个传说。

2024年11月20日

暮鼓晨钟的律动

八臂哪吒城

　　明成祖朱棣当了皇上，要把皇城从南京迁回他当燕王时住的北京城来。迁都可不是闹着玩的。再说，朱棣他再回到北京来，这里自然不能跟他当燕王的时候一个样，得是能容得下皇帝住的地方了。就是说，得重新修一座北京城。他问那些大臣们，谁能接手这个活。那些当官的在南京养尊处优惯了，本来就不想挪地方，更没人愿意领这个烫手的山芋。最后，还是工部大臣站出来，跟朱棣说："北京这块地方，原来是个苦海幽州，那里有孽龙潜伏。以往称王无事，可如今皇上回去是要坐龙椅的，要把龙椅坐稳了，得先把孽龙压住。这事别人干不了，得派上知天文、下知地理，上能知神、下能知鬼的能人过去，要不然是修不了北京城的。"

　　朱棣一想，这话有道理，就看下面站着

的两位军师。朱棣的大军师叫刘伯温，二军师叫姚广孝，都是助朱棣夺天下的能人。听说要修北京城，两个人都想一展身手，再立新功。刘伯温抢先说："我去！"二军师姚广孝忙说："我也去！"朱棣就把修建北京城的圣旨给了这两个人。

刘伯温、姚广孝领了圣旨，直奔北京城。北京城那会儿虽说还留着元朝时的老城，但已经被徐达攻打北京时弄得不成样子了。刘伯温、姚广孝到了北京这块地方，天天出去踏看地形，琢磨怎么修建一座让孽龙捣不了乱的北京城。

大军师刘伯温看不起二军师姚广孝，二军师姚广孝也看不上大军师刘伯温，两个人都心里较劲。商量来商量去，两个人商定每人画半个城，画好后合在一起让皇上看。皇上觉得哪半边城好看，就照着哪个人的图样造出整个北京城。说好后，两个人一个往东，一个往西，分头看地形画图样。

要画出一个能当皇城用的北京城，可不是那么容易的。设计好了，皇上会奖赏。设计得皇上不满意了，没准还得搭上脑袋。再说，北京这块地方地下还藏着好几个孽龙出没的龙眼。刘伯温和姚广孝一边找龙眼，一边琢磨城市的样子，一连数天下来，忙得晕头转向，毫无头绪。

这天，刘伯温正在抱头发愁，忽然听到耳边有人对他说："照着我画。照着我画。"睁眼一看，又没看到人。姚广孝同样在抱头发愁时，也听到有人在他耳边说："照着我画。照着我画。"他也没看见人。第二天，两个人又到街上去察看地形。刘伯温走到哪里，总看见一个穿红袄短裤子的小孩子在他前面走。刘伯温走得快，那小孩子也走得快。刘伯温走得慢，那小孩子也走得慢。刘伯温故意停住脚步，那小孩子也站下了。等他要追上去，那小孩子又走起来，追也追不上。

那姚广孝也遇到了这么一个穿红袄短裤子的小孩子，跟刘伯温也是同样的情景。两个人虽然都是身经百战的军师，可也一时没解过闷儿来。晚上回到住处，两个人铺开纸，继续画造城的样子时，眼前都出现了一个红孩子的模样。这个红孩子头上梳着小抓髻，半截腿露着，光着脚丫子，穿着红裤子红袄。小红袄很像一件荷叶边的披肩，肩膀两边有浮镶着的软绸子边，风一吹真像有几只臂膀似的。两个人都惊叫起来：这不是八臂哪吒吗？

兴奋了一晚上，刘伯温和姚广孝并没动手画。两个军师为了显示自己的本事，都想要当着对方的面把自己想好的北京城样子画出来。第二天，两个人约到正午时分，在一个大空场上，由各自的助手摆好笔墨纸砚，说声开始，两个人拿起笔来，唰唰唰地画起来。说好画到太阳落山，谁还没画完就算谁输。

眼看天暗下来了。姚广孝偷偷扫了刘伯温那边一眼，看刘伯温好像要画完收笔了，他顿时着急起来，紧赶几笔结束。就在这时来了一股风，把他的画纸吹起一块。他怕被刘伯温抢了头功，画的时候也没在意。就算两个人同时画完了。

画完两人交换图纸，便同时笑了起来，原来两张图一样，

八臂哪吒城

都是一半的八臂哪吒，只是姚广孝这边往里斜了一块。两个人拿了图样去见朱棣。朱棣看了很满意，说这北京城："东边的按大军师的图修，西边的按二军师的图修。"就这样，建起来的北京城西北面城墙就缺了一个角。而这个角，就是风吹画纸，让姚广孝少画了的那部分，就在今天积水潭的位置。

这刘伯温和姚广孝画出来的北京城是怎么跟八臂哪吒对上的呢？人们这么说：正阳门是哪吒的头，瓮城东西开门是哪吒的耳朵，瓮城里的两眼井是哪吒的眼睛，崇文门、东便门、朝阳门、东直门四个门是哪吒的左四臂，宣武门、西便门、阜成门、西直门这四个门是哪吒的右四臂，北边的安定门、德胜门是哪吒的两只脚，皇城正门 —— 天安门是哪吒的五脏口，从天安门到正阳门中间那条长长的平道就是哪吒的食道了，而北京的胡同就变成了哪吒的大小肋骨。

既然是传说嘛，那就怎么传的都有，还有传"三头六臂哪吒"的。说前门、崇文门、宣武门是哪吒的三个头；东便门、朝阳门、东直门是哪吒的三条左臂；西便门、阜成门、西直门是哪吒的三条右臂。

不管是几个头几条胳膊的哪吒，反正是把一直捣乱的孽龙给镇住了。北京城从此成为屹立数百年的古都。

徐达一箭射出中轴线

　　中国人做什么事都讲个和谐，讲对称。这北京城东有东直门，西面就有西直门，走过了左安门，接下来就能走到右安门，逛了东单，你肯定就能找到西单。不光是这种标志明显的地方，就是那些被淹没在城里的大小胡同，你在东城找到了一条，那在西城的这个位置你肯定也能找到一条差不多的胡同。北京城为什么会造成这样呢？都是因为北京城里有一条中轴线。

　　这条中轴线南起永定门，往北过正阳门、天安门、紫禁城午门、太和殿等，过景山的最高点万春亭，直抵钟鼓楼，有十六里地。老北京城里所有的建筑都是以这条中轴线为中心建起来的，东西对称。北京城的这条中轴线是怎么来的？这就要说到徐达了。

　　徐达是跟着朱元璋打天下那拨人里最能

征善战的大元帅之一，朱元璋当了皇上后，拜徐达为右相，让他带人来扫清北方元朝的残余势力。打下元大都后，徐达就一直待在北京，对北京这里非常熟悉。朱棣要迁都修北京城，徐达被刘伯温举荐担任了建城总督。

当时北京城的位置还没定，徐达问刘伯温在哪里建城。刘伯温对徐达说："北京城的位置就在将军的箭上。"徐达没听明白，问刘伯温："军师这是何意？"刘伯温说："就凭你徐达的神力射出一箭，箭落在哪儿，就在哪里修建北京城。"徐达是个武将，说话办事干脆利落，听刘伯温这么说，马上张弓搭箭，运足神力，向南边射出了一支箭。箭飞驰而去，刘伯温赶紧带人骑马去追。

徐达这一箭射得太远了，一下子飞到了如今北京城南几十里外的南苑。箭落在地上的时候，恰巧被住在这里的一个大地主看见了。这个地主心想，在这儿建城，自己的房子、田地不都被占去了吗？于是他把箭从地上拔出来，取出自家的弓，把箭又向北射去。箭借风势，一下子飞到了现今后门桥这个地方。

这座后门桥始建于元代，最初叫万宁桥，是木头结构的，后来改造成单孔石拱桥，俗称海子桥，又因为在地安门北面，地安门又称后门，所以也称后门桥。

再说刘伯温追到南苑，掐指一算，知道徐达射出的箭落在了这里，他便找来那个地主，向他要箭。地主知道刘伯温不是凡夫俗子，瞒是瞒不住的，便如实相告。刘伯温便向北追去，在后门桥找到了这支箭。再后来，刘伯温就以这支箭经过的地方为中轴线，建起了北京城。

刘伯温修正阳门

刘伯温开始建北京城的时候，皇上给了他很多钱，可还是不够。刚开始修正阳门，刘伯温就没钱了，可他又不好意思再去开口向皇上要钱，那样不是显得他太没能耐了吗？他就想别的着儿。

什么着儿呢？就是从北京城里有钱的大户身上筹钱。但是因为造城的工程太大了，找到的几个财主还没等城门修好，就倾家荡产成了叫花子，工程只好停下来。监工的徐达找到刘伯温，问他怎么办。刘伯温说你别着急，马上就有人送钱来。他掐指一算，让徐达派手下的将士去找一个名叫沈万三的人。

几天后，士兵们还真找到了一个叫沈万三的人，并把他带到了刘伯温的面前。这个沈万三衣衫褴褛，浑身上下又脏又臭，胳

来人呀，给我打这个没钱的

肢窝里还夹着个要饭的盆儿。当他听清楚刘伯温找他是为了跟他要钱修城楼时，便浑身哆嗦着说："我一个穷要饭的，哪儿有钱给你们修城楼啊。"听了这话，刘伯温眼睛

刘伯温修正阳门

一瞪，大声喊人说："来人呀，给我打这个没钱的！"于是，兵士们上来噼里啪啦一顿狠打，把沈万三打得眼冒金星。这个沈万三实在扛不住了，就用脚跺跺地说："这地底下就有钱。"刘伯温听罢大喜，马上派人开挖起来，果然从地下挖出了大缸大缸的银子。

有了沈万三的银子，正阳门终于如期修好了。那些挖银子留下来的大坑，后来有了水，再后来里面有了鱼，人们就把那地方叫作金鱼池了。

有上没下的千斤闸

　　古时老城上的千斤闸，那是比城门还要管用的一道"门"。古书里面有很多说千斤闸的故事，《隋唐演义》里就讲过那么一段。说当时的天下第四条好汉雄阔海，争武状元没赶上趟儿。他到城门口的时候，正赶上各路好汉往城外逃命。他奋力托起千斤闸，让各路豪杰逃出了杨林的魔爪，自己筋疲力尽丧生于千斤闸下。这故事让所有说书人都讲得荡气回肠。北京的正阳门箭楼上也有一道千斤闸，但这道千斤闸自从装上后就从来没放下来过。

　　为什么？原来，在修正阳门箭楼的时候，监督建门楼的官员为了保证皇城里面万岁爷的安全，特别定做了一个比各地方所有城门上所用的千斤闸都要重的千斤闸。但这官员就忘了最重要的一点：那千斤闸不是死的，是要想拉就拉上去，要放就放下来的。不论什么东西，太重了那肯定就不好使了。

古时候造的城里，大多数城门上的千金闸都是用绞盘来拉放的。在城楼上，要安装一个大绞盘，绞盘是圆的，用木头做的。要像摇辘轳一样把千斤闸提起来、放下去，每次都要用几十个兵士才能转动绞盘。

正阳门箭楼的千金闸据说是用铁皮包的实木，上面布满了加固用的铁钉，有九千九百九十公斤重。这道千金闸往箭楼那里一放，监督建门楼的官员就傻眼了，千斤闸提不起来。城门楼子都造好了，城里城外只有这一道门进出，放上千斤闸了，在外面干活的人进不了里面，在里面的人出不来外面。一连两天，上朝的官员们只能从别的城门绕着走。官员们还好说，这要是皇上突然想起要出城了，皇上必走的正阳门他出不去，那监督造城门楼子的人肯定吃不了兜着走。

这官员急了，忙四处找高人来帮他想办法把千斤闸提上去，可找来了很多人也没有办法。这时上边又传下话来，说皇上明天要去先农坛，肯定要从正阳门箭楼这里走。这官员没着儿了，只好悬赏，说谁要能把这千斤闸提上去，让城门通了，他愿把全部家产都献给这人。你想，皇上要是知道了城门被千斤闸挡住的事，那这官员还不掉脑袋？要是能舍了家财保了性命也是件划算的事。

你别说，这悬赏一出还真来了个人。他自称姓李，是个木匠，从江南来的，曾参与过苏州城水陆闸门的建造。官员一听这可有救了，命众工匠都听李木匠指挥。

李木匠先是带着大家鼓捣了一天，可是到天黑了，千斤闸还是没有提起来。李木匠让众人都离开，容他自己再想想办法。大伙就都撤了，回去歇着。第二天早上，当众人又回到工地上时，李木匠对大伙说行啦，这次千斤闸要再提不起，你们就砍我的头。这次士兵们一转动绞盘，千斤闸就被很顺利地提了起来，城门大开。

官员一看没事了，又后悔自己当初的悬赏了。他正想怎么糊弄一下李木匠，但李木匠倒似乎并不是很在意赏钱，而是很轻松地说："你有多少家财，我现在一个人也拿不走，等改天我再来取吧。"说完转身就走了。官员很高兴。可没想到，皇帝是出了城，从先农坛回来也顺顺当当地进了城，当这官员想再让工匠们试试千斤闸好不好使时，这千斤闸说什么也放不下来了。官员忙派人去找李木匠，却怎么也找不着了。所有当时看着李木匠把千斤闸提起来的人，也琢磨不出李木匠在这个千斤闸上动了什么手脚。

你想，皇城城门的千斤闸放不下来那不是成摆设了吗？说出来这要是有个外寇入侵，那不是有意把皇上献给敌人，里通外国了吗？于是，这城门修好之后，再没有人敢提箭楼的千斤闸放不下来的事。上上下下的官员们都祈望天下太平，京城无事，只是瞒着皇上一个人。但是，没过多少年，李自成就带

有上没下的千斤闸

着人从没有防卫的正阳门顺顺当当地进了北京城，逼得皇上上了吊。

后来人们说起昏官误国，就说，那个李木匠一定是李自成的前世，他因为没有拿到钱，就又投胎造反，毁了大明朝的天下。大明朝亡了也是有预兆的。你想，千斤闸本来打不开，一打开，皇上就奔了先农坛。先农坛是干什么的？那是皇上去耕地干农活的地方。李木匠给他开了千斤闸，就是要把皇上送回土坷垃里去的。

正阳门的『门』字没有钩

老北京城里有二十多座城门，像什么正阳门、朝阳门、德胜门的，每个城门上都刻着这个门的名字。明朝正统年间刚修城门楼子的时候，城门楼子那上面的门字，都和我们后来写的那个门字是一样的。据说是因为明朝弘治年间出了一件大事，从那以后内九城的城门上的门字就都没有钩了。

说是弘治六年天下大旱，蝗虫肆虐，老百姓叫苦连天。北京城外闹蝗灾，蝗虫从北京城上过，一连好几天，遮天蔽日，闹得人心惶惶。皇上在宫里坐不住了，要到外面体察民情，就由一群随从陪着到了正阳门。

刚出了城门，就见天上一片蝗虫飞过来。皇上的随从们慌忙护驾，说这样子不能让皇上出宫呀。连哄带劝，拉着孝宗皇上回头进城。就在人们推拉着孝宗往回走的时候，孝

门阳正

朕的城门随便走

宗抬了一下头，正好看见了门楼子上的正阳门这仨字。还没等这一群人走进楼子，满天的蝗虫冲他们飞过来。这群人拉着皇上就跑。本来还不想回宫的孝宗从来没见过这架势，也被吓得失魂落魄，忙不迭地奔回了宫里。

没有体察到民情，皇上自然很不高兴。可他不能说因为自己胆小啊，就怪罪到了城门上面。他对下面人说，当时他是一心要出城去的，可突然觉得有东西钩住了他的龙袍，他才没有出得了城。后来他一琢磨，发现城楼门匾上正阳门这三个字中的"门"字上有一钩。这个有钩的门字是个不祥之字。

门就应该畅通无阻，怎么能有钩子搭衣绊脚呢？于是，皇上下谕旨，命人重写正阳门的门匾，把"门"字的钩抹掉，使皇上出入正阳门顺利吉祥。正阳门上的门字一改，下面的官员忙把其他几个门上的门字，也都换成了没有钩的门字了。

　　　　　　　　正阳门的"门"字没有钩

关帝庙的传说

北京城里老年间有个歌谣，唱道："灵签第一推关帝，更去前门洞里求"。

关羽被尊为武圣人，家喻户晓，一直受历代帝王推崇，到明清两朝更是被封为关帝圣君。很多地方都有关帝庙，受人膜拜。明清时期，北京城里有一百多座关帝庙。在正阳门和箭楼之间的瓮城里面的那座关帝庙，是规模最大，香火最盛的。据说这座庙里的关帝塑像原在紫禁城里供奉，后来才移到瓮城内西侧的关帝庙里。

明清时期正阳门关帝庙的香火都极盛。那老百姓为什么如此眷顾正阳门里的关帝庙呢？这里面就有故事了。

当年，明成祖朱棣定都北京后，国力日渐强盛，但逃到草原上的元朝的那些残余势力还不甘心失败，梦想着还能收复大都，重回北京城来作威作福。他们经常从草原上窜过来杀人、抢夺财物。这一年，明成祖要御驾亲征，彻底消除北方的威胁。他带了五十万大军直奔草原，与元朝残敌厮杀在了一起。敌军抵挡不住朱棣的军队，从草原逃入了沙漠。

明成祖带兵紧追，也跟着进了大沙漠。没走多久，沙漠上刮起了狂风。黄沙遮天蔽日，大军分不清东南西北，别说杀敌，连自保都难了。大家都想赶紧从沙漠逃出来。可这会儿，不光敌军找不到，退出沙漠的路也迷了。谁也不知道该往哪儿走。众人看皇上，皇上也没辙。众人张皇无措，朱棣正恼火时，一个小兵卒子突然手指向前方，对朱棣说："万岁爷，您看前边……"明成祖手搭凉棚，定睛遥看。只见远处翻滚的漫漫黄沙之中，浮现出一位骑马的天神。他头戴盔，身穿蟒袍，外披斗篷。面如重枣，卧蚕眉，丹凤眼，五绺长髯，手提青龙偃月刀，胯下一匹赤兔马，正朝着他们招手。明成祖大喜，这不是关圣人嘛！忙吩咐众人："大军跟随关圣人前行。"就这样，明成祖一路大军在关圣爷的指引下，平安地走出沙漠，班师回京。

朱棣认为是关羽显灵保佑了自己，于是便下旨，在正阳门和箭楼之间的瓮城里建起了这座关帝庙。

关羽的忠义形象得到人们的认同、喜爱，越来越多的人崇拜关羽。关帝庙不光成了保佑军队在战争中获胜的"战神"，打仗前要拜，还演变成了保佑商旅们发财的"财神"，做买卖

关帝庙的传说

的要拜。甚至还演变成了可以为人送子的"观音"，求生孩子的也来拜。

　　清朝有位重臣，叫张廷玉，年纪挺大了还没有儿子，他也到正阳门的关帝庙，烧香求子。当天夜里睡觉时，他梦到关帝爷递给他一根光秃秃没有枝叶的竹竿。他不明白这是什么意思，一根光秃秃的竹竿不是什么好兆头，便请解梦的先生来解梦。解梦先生听后向他贺喜，说："祝贺您了，您将得到两个儿子。"张廷玉问为什么。解梦先生说："关帝爷给您一根孤竹，把竹字破开，就是两个个字。您一定可以得到两个儿子。"果然，没过多久张廷玉就有了两个儿子。可见正阳门关帝庙很灵。加上正阳门关帝庙特殊的地理位置，使它最受京城百姓们的崇拜。清末民初的时候，据说每天庙门打开后，庙里庙外就坐满了道士。他们手抱签筒，接待进香的客人，问签的摊位有一百多个。于是民间便传唱出了那句歌谣："灵签第一推关帝，更去前门洞里求。"就是说正阳门关帝庙的签最为灵验。可惜，正阳门的关帝庙现在已经无处可寻了，但人们还可以走进已是普通市民都可以通行的正阳门箭楼门洞，感受一下当时"洞里求"的盛况。

前门楼子扎彩子

正阳门面对正南，是北京内城九门之首，以前皇上进出紫禁城，只要不是为了逃跑，都是声势浩大地从正阳门下过。造正阳门这楼子时选用的材料是最好的。好材料才能造出好东西来，不都是为了皇上看着高兴嘛。你要不用好材料给皇上干活，那就是欺君之罪，要杀头的。但是这前门楼子还真就凿凿实实地"欺"过一次君，生生把皇上给骗了一道。

这是八国联军进北京那年头的事。

庚子事变，先是义和团进了北京，一把火把大栅栏给烧了。八国联军所到之处，烧杀抢掠，无恶不作。他们不但把北京的贵重东西洗劫一空，还放火烧了很多名胜古迹。正阳门也给大火烧了。

八国联军进北京的时候，慈禧带着光绪

皇帝和一帮随从护卫，跑到西安躲了起来。转过年来，清政府签了条约，答应人家割地赔款，算是把这件事给了了。八国联军一撤，慈禧便要回宫。跑的时候狼狈不堪，回来了可要风风光光的，怎么说也是太后和皇上啊。从西安起程时，当地政府命百姓挂起彩灯伏在地上欢送。回京的一路上，黄土铺地，二十四面黄龙旗开道，沿途两旁有穿马褂、挎腰刀的八旗兵站岗保护。慈禧、光绪分别乘坐八抬暖轿，数万人马随行。在回到北京前先传过话来，一切旧制不变，皇上一行人要走正阳门回到紫禁城里。

那些随行的官员一面给留守北京城的官员传圣旨，一面为他们发愁，正阳门的城楼和箭楼被八国联军给烧得只剩下残存的城台，根本来不及在慈禧和光绪皇帝回来之前修好了。要是太后和皇上看到一个破城楼，那大家脸上都不好看。太后要是一生气，没准还有人掉脑袋呢。一行人提心吊胆地进了永定门，再往前走，那些大臣们都以为自己看花了眼。只见前门楼子和他们离开北京前看到的那个楼子分毫不差，而且显得更加金碧辉煌。慈禧看了也是十分开心，和光绪皇帝一行人耀武扬威地回了宫。

这是怎么一回事，前门楼子怎么会那么快地修好了呢？其实，慈禧和随她一起回来的大臣们看见的前门楼子并不是真的，而是用竹竿、麻绳、铁丝和纸等东西临时搭起来的一个假的门楼子。这是老北京年间办红白喜事时用的一个手艺活，叫扎彩

前门楼子扎彩子

子。做出来的彩门子，又漂亮又跟真的似的。原来，留守北京城的官员一听说慈禧要从前门楼子回宫，开始也是急得要命，后来有人提议，干脆用扎彩子的方法做出一个前门楼子来。一帮民间艺人忙活了好一阵子，这才把慈禧糊弄着先进了宫、安了驾。

　　　　　　　　　　前门楼子扎彩子

钟鼓楼的铸钟娘娘

钟鼓楼的钟楼上有一口大钟，当年，北京城里的人们都是听着它来判定时辰，决定自己的出行起卧等作息。现在基本听不到这钟再响了，就是有人敲它，这城里头那么嘈杂，它发出的声音几乎都传不出钟楼的楼子了。当年更夫们敲响它的时候，可是能传遍整个北京城的。

但是，人们说这口钟发出的声音不能仔细听。你要静下心来听，就会听见这钟发出的每一声都在说："鞋！鞋！鞋！"

为什么会有这种声音？

人们说，是铸造这口钟的时候，把个姑娘给铸在了钟里面。

钟鼓楼旁边以前有个铸钟厂，专门造钟的。里面的老师傅们技艺都很精湛。明朝朱棣迁都北京后，要在城北，中轴线的最北端建造钟鼓楼。特命铸造一口大钟安装在钟楼上，来为京城定省。

铸钟厂里有一位姓华的老工匠，家里有老婆和一个独生女儿。女儿叫华仙，只有十七八岁，十分漂亮，很是孝顺。他们一家三口都住在铸钟厂旁边。老工匠在铸钟厂是个工头，这口大钟就是由他主要负责。老工匠刚接到活时还信心满满，对能铸造这么一口大钟感到十分自豪，每天回到家都会跟老婆和女儿念叨铸造的情况，老婆和女儿华仙也都为老工匠高兴。

但是，这口大钟实在是太大了。一连干了三年，大钟还是没有铸成。

皇上急了，下旨，要求十天之内必须把大钟铸好，不然，所有参与铸造大钟的工匠都要杀头。铸钟厂这几十口为钟忙活了一辈子的工匠们，眼看要跟这口大钟一起送终了。

这天晚上，几天没回家的老工匠回到家里。老婆送上饭来，他一口也吃不下，只是默默地流泪。华仙问爹爹怎么了。

老工匠说："明天就是皇上交代的大钟成活的最后一天了。"

华仙问："您是说大钟还没有铸造好吗?"

老工匠摇摇头，说："熬了好几天了。今天，大伙说都回家看一眼，喘口气，明天再努最后一把劲，就看天命如何了。"

听老工匠说完，华仙低头想了一下，然后抬起头，对老工匠说："爸，明天让我跟您去吧。我要看着你们把大钟铸造好。"

老工匠说："你一个女孩啊，不懂。铸钟的炉火前，是不许女人去的。见了女人，炉火就没劲了。"

　　　　　　　　　　　　钟鼓楼的铸钟娘娘

华仙说："你们没让女人去，不是也没铸成大钟吗？我明天要是去了，或许你们就成了呢。"

老工匠本来对明天就铸造成大钟心里也没把握，加上三年没有成活，早就对自己的手艺失去了信心。这会儿见女儿坚持，也就没再拒绝。第二天，女儿华仙就跟着老工匠一起到了铸钟厂。

工匠们把炉火烧得旺旺的，就等着铁水升到一定温度，好往砂模里浇铸。可是任凭炉火怎么烧，铁水就是沸腾不起来。老工匠急得黄豆大的汗珠"啪嗒啪嗒"地往下掉，手拿铁钳的手一个劲地发抖。这锅铁水要是再不成，那工匠们的性命就全都交待了。

就在这时，只见人影一闪，华仙姑娘向前一跃，跳进了铁水里。

老工匠忙伸手一抓。没抓住华仙姑娘，手上只留下了一只绣花鞋。

随着华仙姑娘的跳入，炉火沸腾，铁水翻滚。工匠们赶紧进行浇铸。

大钟铸造成功啦！

人们都说，是华仙姑娘救了铸造工匠们的命。铸造工匠们为了感谢她，在铸钟厂旁边修建了娘娘庙，永远地纪念她。

每当大钟敲响的时候，那口钟发出的声音，就好像是华仙姑娘在索要她那只没有带走的绣花鞋。

什刹海本叫十窨海

老一辈人都管什刹海叫十窨海。为什么叫十窨海？还是离不开朱棣修建北京城的故事。

明成祖得了江山就要迁都，要把皇城放在他当燕王时住习惯了的北京城。当燕王能住的地方，当了皇上就不能再那么住了。这得大兴土木，全都盖新的。可朱棣刚跟侄子争夺天下，打了个不亦乐乎，钱财都耗光了，哪还有钱修皇城了？刘伯温就给朱棣出主意，让他找沈万三要钱。

刘伯温跟朱棣说："沈万三家财万贯，助高祖得了天下，修了南京城。这北京城没他出钱，可真修不起来。"

朱棣一听，马上发了一道圣旨，让马上找到沈万三，要钱。

当兵的都被发到街上去找沈万三。据说

因为帮助先皇帝朱元璋得了天下，又得罪了朱元璋，吓得沈万三改头换面到处躲藏，谁也不知道他此刻是个什么样了。

这当兵的举着刀枪，满街转来转去地搜寻沈万三。看见穿着打扮不一般的，就上去盘问一番。听着口风不对的，就按在地上打一顿。但这样一折腾，两三个月就过去了。北京城还等钱开工呢。皇上再次下旨，三天内给我找到沈万三。不论沈万三躲到哪里去了，就是挖地三尺，也要把他刨出来。

皇上一发火，这当官的也不敢在官衙里坐着了，跟着当兵的一起满大街找沈万三。

别说，这当官的一出马还真管用。这天，他们走到一条买卖扎堆的街上，当官的有些口渴了，想喝口水，就招呼当兵的在一个卖大碗茶的摊子前住脚。这当官的体恤当兵的，说："都一起坐下来喝碗茶吧。"这要是当兵的口渴，拿起茶碗来喝下去，就得马不停蹄地接着找沈万三去。可是当官的没受过累，这一坐下就不想起来。这些人边喝茶边聊天，一坐就从晌午坐到快要吃晚饭的时候了。

这一耽误，看上去是误了皇上的事。但就是这么一耽误，好运就撞上来了。

眼看到吃晚饭的时候了，那些卖吃食的摊上就有人来买烧饼、大饼的了。就听见那边一个烧饼摊上有人争吵起来，卖烧饼的指着一个穿得破破烂烂的人说："你拿了烧饼还没给钱！"那个穿得破破烂烂的人说："我给你的钱你数都数不过来，还跟我要，不给了。"说罢，他拿起烧饼转身就走。卖烧饼的追着他喊："你别赖账啊，沈万三，你可是有钱人，不带这么干的！"

众人听见沈万三的名字，顿时都精神起来。围上去，把这个穿得像个要饭的叫花子的人给抓住了。

众人问他："你是沈万三？"

那人一边咬着烧饼一边说："沈万三是大财主，我这里连烧饼都快吃不上了，你们看我像吗？"

当兵的虽然都不是大财主，不知道大财主该是什么样，但这个人的样子肯定不会是大财主。众人问当官的怎么办。当官的也觉得沈万三不可能是这副要饭的样子，可他也不敢把他放了。好不容易抓到一个被叫作沈万三的人，不管真的假的，先拿他交差再说。

这帮人就把这个跟要饭的似的人带到了朱棣的面前。

朱棣看这个人穿得破破烂烂的，也不敢认他是不是真的沈万三。就问刘伯温："你看他像沈万三吗？"

刘伯温能掐会算，禀报朱棣："皇上，就是他！他就是沈万三！"

朱棣对沈万三说："我要新修北京城，你既是沈万三，就请你拿出万贯家财，帮帮朕。"

沈万三说："皇上别听他们胡说，我要有万贯家财，我能让自己混成现在这样，衣不遮体，饭不果腹的。"

朱棣也觉得沈万三这样子拿不出什么钱来，非常失望，对刘伯温："大军师，这次你可看走眼了。"

刘伯温哪能被沈万三骗了呀。他对朱棣说："皇上，不用跟他废话，就是打。有钱人都是不打不出财。"

朱棣便叫人把沈万三吊起来暴打一通。打了三天三夜，沈万三还是说自己没有钱。朱棣烦了，对刘伯温说："把他交给你了。他要不出钱，这皇城肯定修不了啦。你这八臂哪吒城也就白画了。"

刘伯温对沈万三说："你真是舍命不舍财啊。"他叫那些当兵的把沈万三从梁上放下来："咱们不这么打了。"他叫兵士们拉着沈万三上街，几个兵士在前面拉着沈万三走，刘伯温带着手拿大棒的几个兵士跟在后面。走上几步，刘伯温说一句："打！"这些兵士就把沈万三按在地上一顿暴打。打完，拉起来接着往前走。刘伯温对兵士们说："只要他不说出埋藏财宝的地方，咱们就这样一直打下去。"

被吊起来打的时候，沈万三还可以装死来忍着，可这么一边走路一边打，没走多远，沈万三就顶不住了。"别打了，我说。"

刘伯温问他："财宝在哪里？"

沈万三站住，跺了一下脚，说："这下面就有。"

刘伯温马上叫人在地上挖起来。果然从沈万三跺脚的地方，挖出一个埋着财宝的地窖。把财宝挖出来，刘伯温看看，对沈万三说："这点钱不够，接着打！"

就这样，刘伯温让兵士把沈万三打了十次，沈万三在地上跺了十脚。在沈万三跺过的地方挖出了十个埋藏财宝的地窖。

　　朱棣就用沈万三献出来的这些财宝，修建了北京城。那十个被掏空了财宝的地窖就成了十个大坑。这些坑后来存下水，在钟鼓楼旁连成一片，就变成了"十窖海"。

什刹海本叫十窖海

先农坛的牛会犯懒

　　天坛的对面有个先农坛。天坛是皇帝祭天的，先农坛是皇帝祭先农神、行藉田礼的场所。拜托了管天上打雷下雨的神仙，还要拜托管地里长庄稼的神仙。谁也得罪不起啊。于是，先农坛就专门为皇上准备了"一亩三分地"。

　　为什么要给皇上准备"一亩三分地"呢？这得从祖上说起。中国人是炎黄子孙，而炎帝被拜为农神，就是说华夏子孙懂得耕地种庄稼收粮食，是从炎帝开始的。这多厉害。据说炎帝有田千亩，征用农户来耕种。于是后人将炎帝拜为先农，每年春耕前，要祭先农神，行耕藉礼。

　　到了明清两朝，皇帝不可能再耕地千亩了，就弄了个"一亩三分地"来摆摆样子。每到祭先农神，行耕藉礼的时候，这"一亩三分地"上就会搭起五彩搭棚,来遮蔽头顶的太阳,免得皇上被烈日曝晒。皇上则穿上一身专门为行躬耕礼时穿的专用服装,在百官齐声诵读的祝词声中,扶着耕牛拉的犁,手持长鞭,徐步走在平整的田埂上,真是太惬意了。

这"一亩三分地"的正北,建有一个观耕台。皇上自己在田里意思一下后,要到观耕台上观看众位大臣们在田里耕作。大臣们下到田里,自然也是十分卖力。这是开春的第一场大戏,表现好不好,事关往后一年在皇上眼里能不能得到赏识。

这番热闹过后,每年这"一亩三分地"上真会有收成的。先农坛里面有"谕旨神仓",号称"天下第一仓"。这仓很讲究的,一般藏粮食的粮仓根本没办法比。这神仓的顶部是圆形攒尖顶的,顶上外部覆盖着绿边黑琉璃瓦。仓里面的梁柱为防虫蛀,上面都绘有黄绿色雄黄玉彩画。

从存入"天下第一仓"粮食的好坏,可以预知天下农田的收成。"天下第一仓"的粮食要是丰收了,天下的农田也都是大丰收。"天下第一仓"的粮食要是收成不好,那皇上就要准备赈灾放粮了。存入"天下第一仓"的粮食凡人是不能吃的,皇上也不吃,都留着每年先农坛开耕祭礼时使用。

吃饭那是天下第一大事,明清两朝对每年到先农坛行耕藉之礼都十分重视。据说乾隆每次去之前,都要先在宫中设坛祈祷,长跪三昼夜。每天只吃淡食,不御盐酱。在先农坛的仪式,都是井井有条,隆重喜庆。

但到了嘉庆帝这年，却出了一件让皇上和大臣们都尴尬的事。

这年三月，嘉庆帝照祖制惯例，准备停当，到了先农坛，行过各种礼仪，这全都没事。这时，顺天府的官员们把精心挑选好的耕牛，打扮得漂漂亮亮，就等皇上下田开始耕田。但当皇上真的下到田里举起手中的鞭子时，那条耕牛无论怎么吆喝，就是一步也不肯往前走。

皇上很尴尬，官员们更是吓得要死。这头牛不听话，赶紧换一头牛，没想到，这头牛也不听话，不光不往前走，鞭子一抽还往后退。眼看牛蹄子就要踹到皇上了，御前侍卫们忙冲上去。十多个侍卫有在前面拉的，有在后面推着牛屁股走的，这才帮着皇上在地上拉出了一道沟。

嘉庆帝擦擦头上的汗，登上观耕台，看众王公大臣们开始耕田。这一天，没把嘉庆的鼻子气歪了。只见几十头耕牛在田里要么站着不动，要么在田里四处奔逃，真是乱作一团。把个本该和美温馨的田园图，弄成了疯狂无序的斗牛场。

怎么会出这种事呢？原来，那些养在先农坛里的耕牛，都是为皇帝来祭祀时准备的。顺天府的官员们为了把这些牛养得膘肥体壮，样子好看，平日并不使用它们耕田。说给皇上用，顺天府的官员又过于懒惰，对牛不加以训练。牛虽然是任劳任怨的好牲口，可没有人的自觉性。官员们偷懒，牛也懒散起来，到真用的时候，自然顶不上用了。

这次的"一亩三分地"没耕好，那年果然天下粮食歉收，百姓苦不堪言。

嘉庆帝下令，将操办此事的顺天府官员全部查办，重的杀头，轻的罚俸三年。

官员们这才对驯导耕牛的事重视起来。此后，先农坛的祭先农活动再未出纰漏，天下也日渐富足起来。

智赛鲁班的工匠

箭楼「加盐」

都说最初建正阳门的箭楼时，那上面并没有探出飞起的檐子。这天，皇帝前来视察，站在城门前一看，觉得正阳门箭楼的楼顶没有像他期望的那样高大壮观，于是，龙颜大怒。限期一个月，将正阳门箭楼的楼顶改建得高大气派，否则就要治造城楼官员的罪。造城楼的官员自己不会弄啊，只好去对干活的工匠们吹胡子瞪眼，让他们想办法。官员对工匠们说："你们要是想不出办法来，在皇上治我的罪之前，我先把你们一个个都杀了。"

要在二十多天里把已经造好的城门楼子给改造得又高又大，在那个年代可是一件比登天还要难的事。造城门楼子的工匠们凑到一块儿思来想去，翻过来调过去地折腾，可还是想不出办法来，个个都垂头丧气，说只

工匠们给他的饭菜里加点盐

好等着皇上来治罪的时候，盼皇上开恩了。

正在他们愁得茶饭不思时，一个衣衫褴褛的老人端着个破碗走过来讨饭吃。他一再要求工匠们给他的饭菜里加点盐。正当工匠们感到纳闷时，老人突然消失不见了。有人猛然醒过闷来，说：加"盐"不就是加"檐"吗？那个老头准是提醒咱们该给城门楼子加个檐子，那样城楼子可就显高了。这么一说，大家都明白了。工匠们加班加点，赶在皇上规定的日子到来之前，给正阳门箭楼的顶子添加了一圈飞檐，使得箭楼一下子变得高大起来。

到了一个月头上，皇帝来一看，原来不起眼的箭楼现在看起来高大了许多，龙颜大悦，重重地奖赏了造城的官员和工匠们。工匠们满怀感激地寻找那位老人却遍寻不得，这才悟出，那位老人必定是祖师鲁班爷显灵前来点化他们的。

箭楼"加盐"

祈年殿的楔子

　　祈年殿是天坛里最高最宏伟的一座建筑。当时修建祈年殿时，皇上请来的都是全国最拔尖的能工巧匠。这些人大江南北都走过，造过的房子也可以说是数不胜数了。当皇上召集人来修建祈年殿时，对工匠要求得很苛刻，下圣旨，这里不是一座普通的建筑，是跟祭天有关的场所，事关民生，事关江山。来的人都给高高的工钱，但要造不好祈年殿，所有参与建造的人都要被杀头。

　　这也不是皇帝专横，什么年代要造大工程，都要有个制约的条件的，不然，多少好工程都会被毁掉的。

　　那些参与祈年殿修建的工匠们都很自信，虽然有杀头的危险，但能参与到祈年殿的建造里，不光能挣到比平日多的工钱，而且在同行里，也是一辈子值得夸耀的事。

这些能工巧匠们在修建祈年殿的开头部分，都是很顺利的。因为工期要求紧，大家倒也没什么闲暇的时候交流，反正照着放大样的要求，把分到各自手上的活干好就成了。在这些人的辛勤劳作下，祈年殿工程进展得很顺利。

眼看就快要组装祈年殿的顶子了。这天，一个老头走进工地，要求干活的工匠们给口饭吃。跟他搭腔的工匠们对他说："你没看我们都忙得要死，没工夫管别人吃闲饭。"老头说："我不吃闲饭。我会做木工活。"他求工头："让我做两天工，挣两碗饭吃吧。"工头说："这是皇上要的工程，哪能随便加人进来？"他让旁边监工的护卫把老头轰出去。

工头看护卫把老头带走了，可没想到，一转眼，这老头又出现在他面前。工头让护卫把老头又带出去两次，可老头还是一转眼就又回来了。工头想没工夫跟他置气，就喊过一个木匠来。他问木匠："你姓什么？"木匠说："我姓鲁。"工头把那老头叫到鲁木匠面前，说："姓鲁的，听清楚，这个老头说他会木匠，让给点活，赏他两碗吃。我赶他不走，现在归你看着他。有活就让他干，没活也别让他乱跑。"工头把老头交给了鲁木匠。

鲁木匠手上正忙着干活，也懒得搭理老头。老头问，让他干点什么。鲁木匠随手把脚下一截锯下来的圆木头丢给了老头。老头问这块木头做什么，鲁木匠说："你随便，爱弄什么就弄什么。这祈年殿都是皇上算计好的，不是放大样上有的，你弄了

　　　　　　　　　　祈年殿的楔子

什么也放不上去。都是白弄。"老头听了这话，笑了笑，也没说什么，就自顾自地拿着那截圆木头摆弄起来。后来，得空时那鲁木匠也看过那老头一眼。只见他拿着墨粉在圆木头上勾勾画画，那截圆木上已经被他画出了好多条黑线。鲁木匠看不出老头要干吗，也没去管他。

老头在祈年殿的工地上待了两天，就吃了一顿饭。第二天鲁木匠招呼老头吃饭时，发现老头不见了。他摆弄的那截圆木头放在他坐过的地方。鲁木匠觉得这老头有些不懂道理，不管怎么说也吃了顿热饭，不打声招呼就走人了。他抬腿就踢了那截圆木头一脚。没料到他这一踢，那截圆木头"哗啦"一声散开啦，变成了无数块木楔子。每块木楔子上面还都写着号码。鲁木匠也不傻，顿时觉得这事有蹊跷。他怕别人见怪，没敢大声说，只是很细心地把这些木楔子都收了起来。

到了组装祈年殿大顶的时候，出问题了。虽然工匠们都是按照放大样一分一毫也不差地做出来的，整个工程也看着成形了，可是各个梁柱之间的榫卯接口都不牢靠。这情况让所有工匠都慌了神，一时也想不出办法。工头忙着给工匠们作揖拜求。"各位大神，快想想办法！祈年殿要这样交了活，不定哪天刮阵风就塌了。那时候咱们可都得被杀头！"

可大殿都已经组装好了，找不到下手的地方了。

这时，鲁木匠想到了他收起的老头留下的那些木楔子。忙拿出来，让大家试一试。各位工匠照着木楔子上面的数字，找到自己干活的部位，把木楔子往里面一钉。别说，所有榫卯接口全都严丝合缝了。整个祈年殿也稳稳地立在那里了。

众人忙问鲁木匠从哪里搞来的这些木楔子。鲁木匠说起那个老头的事。大家都说，这是鲁班爷下凡帮咱们来了，这下不用掉脑袋了。祖师爷吃了咱们一顿饭，就帮咱们把一辈子吃饭的家伙给保住了。

　　　　　　　　　　　　　　　　　祈年殿的楔子

嘉靖重修祈年殿

　　明成祖朱棣称帝后，从南京迁都北京。为顺天行事，在天坛这块建天地坛，每年祭天祈谷，得以风调雨顺地过了很多年。到了嘉靖当皇上，他要将原本合在一处的天地祭坛拆开，分设天、地坛。在大祀殿南面新建圜丘，用以祭天。把大祀殿废了。大臣们觉得不妥。祖上旧制不可轻废，保了大明那么多年江山的大祀殿怎么能说不用就不用了呢。弄不好，事关江山永固的大事。

　　嘉靖听大臣这么一说，心里也含糊起来。但金口玉言，说出来了也不能说收回来就收回来啊。于是，他重新下旨，说大祀殿与祭天礼制已经不尽匹配，要重新修建一个新的，以顺应本朝法度。他要求拆掉大祀殿，在原址重建新殿，并赐名"大享殿"。这就是后来这座被称为祈年殿的大殿的出处。

嘉靖要求在大享殿能举办"明堂秋享礼",要把大殿建成传说中古代曾经有过的那种明堂建筑,就是一个圆形的建筑,上面有拱顶。皇上坐在大殿祭祀时,既可以看到天上的二十八星宿,又可以看到百姓一年二十四个节气里是如何耕田种地的。

皇上当廷一说这要求,所有的在朝上听着的人都呆了。以前皇上有圣旨,只要是有点甜头的活,大臣们都抢着接,即便不大好办,也愿意接。没有好处,也能让皇上体恤到自己的辛苦,后面可能就有给甜头的活下来了。可修大享殿的活实在是太难了。这是没边儿的难事,或者说这不是常人能干出来的事。这种事,谁也不知道从哪里下手。

活虽然难办,可也得接旨啊。

这圣旨一下,接旨的大臣就一层一层往下压。天塌下来,总有最倒霉的人顶着。最终,这个烫手的山芋落到了负责具体管理大殿建设的工头身上。

这工头也不是善茬,接过很多皇家工程,身上也有把子功夫。天文地理无有不晓,木油砖瓦无艺不通。哪些工匠的手艺高低,手下干的活是否偷滑,他一眼便知。他从没觉得有什么接不了的大活、难活,可皇上对大享殿的要求,他绞尽脑汁,也觉得无从下手。

这下子完蛋了!工头觉得自己一辈子的奋斗眼看着就要付之东流,身家性命都可能不保,再弄个满门抄斩,那连一家子的根脉都要绝了。

工头满心焦虑，但又找不到改变这一切的办法，只好每天借酒浇愁。

这天，工头在要建大享殿的空地又愣了半晌，然后走进每天都到的酒馆去喝酒，刚抬起手来要酒，手就被人给攥住了，他抬眼一看，桌边突然多了一个老头。这老头穿得破破烂烂，满脸胡子拉碴的，只是两只眼睛十分有神。工头要甩开老头的手，但甩了两下都没挣开。他想这是自己喝多了，没劲。其实他刚进酒馆还没喝呢。但他也没心思跟老头较劲，便问他要干吗？老头说："大人，请你赏口饭吃。"

工头想，我这将死之人，给要饭的人口饭吃，也是积德的事。便对店小二说："给他上碗饭。"老头说："一碗不够，我要三碗。"工头对店小二说："那就给他再加两碗。"

酒先上来，饭也上来了。工头喝酒，老头吃饭。酒没喝两口，就听老头说："这饭太淡了，我要加盐"。工头喊店小二加盐。

店小二看老头一副穷相本来就不想伺候，加上酒馆里顾客多忙不过来，这工头喊了几次，小二只答应着却不来给加盐。老头一个劲要加盐，工头不胜其烦，对老头说："那我就好人做到底，我去给你要盐。"

工头到柜上要了盐回来，那吃饭要加盐的老头却不见了。

只见桌上老头要的那三碗饭颗粒未动，每碗米饭中都被插上了筷子。这些筷子如木棍一般，在米饭中立起来三圈，中间四根，外面两圈每圈十二根。三碗饭被叠起了三层。

工头看着先是一愣，之后恍然大悟。这饭碗和筷子就是大框架，老头一个劲地要加盐，是提示我要给大框架的顶子"加檐"！皇上要的一下子就解决了！

老头真聪明。不，这是鲁班爷显灵来啦！

这工头的酒醒了，回去按照鲁班爷的提醒，动手制作了一个修建大享殿的模型呈报朝廷。皇上看了十分满意，御笔一批，大享殿就顺利开工了。

大享殿按照鲁班爷给的法子，最终建成了一座有三层，金顶、重檐、亭式的圆形大殿。大殿中间四根粗壮的柱子，代表春、夏、秋、冬四季。靠里的十二根柱子，代表十二个月份。最外层的十二根柱子，代表子、丑、寅、卯等十二个时辰。里外层的柱子相加共二十四根，代表一年的二十四个节气。这二十四根柱子，再加上代表四季的那四根柱子共二十八根，寓意天上的二十八星宿。

嘉靖皇上当初想出要在大殿里看天、看地，与天地共享的"圣意"时，可能也真的只是想给"天帝"听听，也没想到真的有人能实现。最终，这几乎不可能的事情，让工匠们的祖师爷——鲁班爷给成了。嘉靖可能没想到这天下真有人比他更聪明，大享殿虽然建成了，但他一次也没到大享殿来祭天祈福。

后来人们到天地坛，走进大享殿，感受到的都是鲁班爷和他的徒子徒孙们的大智慧。

蝈蝈笼子和角楼

　　紫禁城有四个角楼，谁见了都说这角楼修得好看。其实，紫禁城刚盖好的时候，是没有这四个角楼的。你想，紫禁城是皇上办事和过日子的地方，那要高墙深院，外面人扯断了脖子，也别想看到紫禁城里面的一点一滴事情。那四九城的城门上都有楼子，那是为了城防，给当兵的放箭杀人用的。盖紫禁城给皇上住的人，怎么敢给四四方方、规规矩矩的皇城，每个角上都盖一个角楼子呢?

　　没想到，这明成祖朱棣住进紫禁城后，没睡两天就做了一个梦。他梦中见到一座皇城，这座皇城的四个角上都有一个角楼，煞是好看。转过天上朝时，他就给大臣们下旨，要求给紫禁城的四个角上都加盖上一个角楼。

　　大臣问皇上:"您梦见的角楼是什么样

子的？"

朱棣想了想，梦中的样子怎么能说得清楚呢。他就说："是那种没有金碧辉煌，但是十分精巧的楼子。转着圈地看，从哪个角度看，那些梁架，都安排得非常巧妙。"这位皇帝还是十分节俭的，要求大臣："只要精工，不要求奢靡。"

接旨的大臣想，这事难办了。皇上梦中见过的样子，谁能一丝不差地给造出来？

朱棣这时又想起梦中见到的一个细节，叫住接旨的大臣，说："我记得，那个角楼是九梁十八柱七十二条脊。叫工匠们就用九梁十八柱七十二条脊的法子来造。"

大臣一听，顿时松了口气。有个样子就比没样子好糊弄。

城里有三家木工坊，是常跟皇家合作的。大臣把这三家木工坊的工头叫了来，跟他们说了皇上的要求。他本来以为没人愿意接这个活，没有图纸，没有具体样子，给皇上造一个梦，这是多难的事啊！没想到，话还没说完，第一家木工坊的工头就说："这活我接啦！"

大臣有些难以置信，问他："你真能干？干不好，皇上可要杀头的。"

这工头很自信，说："我们做大木匠的，什么楼子没做过。皇上做什么梦，只要说的是九梁十八柱七十二条脊，那我们肯定就能照着规制做出来。没问题，手拿把攥的事。"

大臣心里踏实了，对工头说："成，这角楼就给你了。三

　　　　　蝈蝈笼子和角楼

个月完工。做不好，可能有杀头之患，但做好了，皇上肯定有重赏。"

这第一家木工坊的工头信心满满，木工坊的师傅众多、手艺高超，还从没人说过他家工坊出的活不好。他回去之后跟众位师傅一说，众人也是摩拳擦掌，马上动手干起来。木工师傅们对九梁十八柱七十二条脊的建筑并不陌生，就等着完活，找皇上领重赏了。

别说，到三个月满，第一家木工坊按时交活了。那个接圣旨的大臣先去看了一眼，眼见这四个角楼造得真是漂亮。上去一数，真是九梁十八柱七十二条脊，一点不差。大臣高高兴兴地把朱棣请到角楼上，请皇上验收。

没料到，朱棣看了一眼，转身就走。

大臣忙追上去问："皇上有哪里不满意？"

朱棣说："你们竟敢诓骗寡人。"

诓骗皇上，那可是欺君之罪，要杀头的！大臣吓得赶紧趴到地上请罪。问皇上究竟哪里不对。

朱棣说："寡人梦中看到的九梁十八柱七十二条脊，不是这个样子的。你们休得哄骗我。"

大臣求皇上，说："圣上跟奴才说说梦中是什么样的，免得奴才再让那些工匠们给骗了"。

朱棣怒斥大臣，说："你能把梦中见到的事情一笔不差地画出来吗？"

大臣想了想，只能回答说："臣不能。"

朱棣叹了口气，说："寡人也不能。但你们造出来了，我就知道同我梦里见到的一样还是不一样了。"

大臣想，你这么说，这活儿谁还敢接啊？他正想跟皇上再套点梦话出来，就听朱棣说："我希望工匠们不要再骗我第二次。你也一样，罪不可赦。"

这大臣忙把那三家木工坊的工头叫过来，跟那第一家接活的工匠说："你造的角楼皇上看了，皇上说不是那样子，要杀头！"

第一家工坊的工头吓得顿时跪在地上，磕着头说："我们一点也没有偷工减料，天地作证，我们就是按照九梁十八柱七十二条脊做的，一点没走样啊！怎么皇上就要杀我们的头啊？"

大臣见这工头这么央求，也觉得可怜，加上心里也对皇上让大家给他造他梦中的角楼的样子有些怨气，杀了这个工头，那两家工头肯定也不敢接活了，那不是让自己干等着去杀头吗？便招呼那工头，说："你先起来，我可以先不杀你。"然后把那两家工头也招呼过来，对三个人说："你们听好了，他的脑袋我先给记下了，现在你们三个人给我一起想办法。谁也别往外推事。要是造不出皇上梦中那个样子的角楼，你们三个人的脑袋我一块要。"

这个大臣打的是这个盘算：我要是一家工坊一家工坊地往

　　　　　　　　　　　　蝈蝈笼子和角楼

下派活，真不见得能把这活给干成了。都说三个臭皮匠顶个诸葛亮，你们都说自己是能工巧匠，一身的本事，现在就一起给我想办法吧。

这三家工坊的工头还真是没办法，为了不让皇上杀头，把所有的工匠师傅都拘到一起来想辙。谁也不许离开。想不出办法来，就都死在一起。

这时候正赶到伏天，热得大家喘不上气来，又想不出办法，一个个又急又气，个个没精打采。到了正午时分，也吃不下饭，就想找个凉快地方躺着。这天，大伙刚躺下，外面就传来一阵阵蝈蝈的叫声。这蝈蝈低一声高一声地叫着，一会儿似乎没了，一会儿又响声一片，把工匠们烦得不成。老工匠就叫一个小徒弟出去把卖蝈蝈的轰走。

小徒弟跑出去一看，是一个老头挑着一担蝈蝈在那儿卖呢。小徒弟对老头说："你这卖蝈蝈的也不看看时候，大中午的这不存心不让人睡觉吗？"老头说："我就是来卖蝈蝈，就是存心不让你们睡觉的！"小徒弟一听，这还了得，便跑回来叫师傅们。工匠们一听，本来心里都窝着火，正好，就拿这个不知眉眼高低的老头来去去火！

待工匠们跑出去，把老头围住。那老头把蝈蝈挑子一放，转身就走。走出几步，他回身大声对工匠们喊："都睁眼看看，叫得这么响的蝈蝈，这么好的笼子，为什么不让我卖？长了眼的快来买吧。"

工匠们见老头跑了，正纳闷这是怎么回事，那个差点被杀头的工头眼睛一下盯住了蝈蝈笼子。他大声叫出来："九梁十八柱七十二条脊！"

　　大伙细看老头留下的蝈蝈笼子。这个笼子是细秋秸秆儿编的，有八个面，八个角，顶上分三层：第一层四面飞檐，四角又有四个小飞檐；第二层也是四面飞檐，四个角上又有四个小飞檐，四面飞檐上又挑起四个三角脊；第三层四面飞檐的脊上又挑起一个三角脊，三角脊上横竖四条平脊。

　　的确是九梁十八柱七十二条脊。

　　再回头一找，卖蝈蝈的老头早不见影了。

　　工匠们想，这是鲁班爷看我们有难，化身出来帮忙了。

　　这下不用再犹豫了。工匠们照着这个蝈蝈笼子放大样，把紫禁城的角楼修起来了。

　　大臣小心翼翼地再请朱棣验收。

　　这位明成祖一看，顿时大叫起来："这就是我梦中见过的角楼！一点儿不差！"

　　从此，紫禁城的四个角楼子就留下来了。

　　　　　　　　　　　　　　　　　　　　　　蝈蝈笼子和角楼

承天门前立华表

　　紫禁城最南面的那个门现在叫天安门，以前叫承天门。做皇上得承接天意，所以明成祖迁都北京的时候，等紫禁城一建好，就把这进皇宫的第一道门，命名为承天门了。在承天门内外，各有一对华表。皇宫门前立华表，这是有传统的。据说从远古时期，人们就在祭奠等场所立个大柱子，用来膜拜。再后来那些称王称帝的，也都在那些有代表性的建筑前面立个大木柱子，表示可以接受百姓的诉求。后来木柱子改成石柱子了，更加代表江山稳固。承天门前后的这两对华表，也是表明皇家要承接民情天意的。

　　承天门里外的两对华表的柱头上，各自有一个蹲兽。据说，这个蹲兽是传说中龙的九子之一的"犼"。"犼"是一种形似犬的瑞兽，根据所在方位的不同，表达的意义也不相同。在承天门里的华表上的一对石犼面朝北方，望向紫禁城，寓意是希望皇帝不要久居深宫而不知人间疾苦，应该经常出宫体察民情，所以称为"望君出"。而位于承天门前的一对石犼则面朝南方，寓意是皇帝不要久出不归，应该早日回朝，处理国事，所以称为"望君归"。

这华表，底座为八角形须弥座，圆形柱身上一条长龙盘柱而上，周边饰有流云纹，上端横插雕花云板，柱头为圆形承露盘，对应天圆地方之说。设计、制作得十分精美，而且，为了跟紫禁城的尊贵身份匹配，每一根都有二十多吨重。

明成祖要立这四个华表时，把这个活派给了一位得心应手的监管大臣。没想到，这位监管大臣跟着朱棣打江山时出生入死都没眨过眼睛，可面对钱财之物却坏了良心。

这位监管大臣召集京城的工匠们，宣布了皇上的圣旨，问谁能接了建造华表这活，皇上必有重赏。有一位工坊的掌柜见别人都不敢接，就说他来接。

这工坊的掌柜所以敢接这活，因为他是从大石窝里学出来的。这大石窝在京郊的房山，那里盛产好石材。当年北京修皇城用的很多石料都是从那里出来的，那里也培养出了一大批手艺好的石匠。这工坊掌柜就是在那里练好手艺后，在京城里开了工坊。

工坊掌柜接了活，转身就要去大石窝挑选造华表的石料。但那位监管大臣却要他去外省选石材。工坊掌柜问："为什么？"

监管大臣不说为什么，只说："皇上要用最好的石材，你必须给我挑选出全国最好的石材来。"

工坊掌柜说："大石窝的石材就是最好的。"

那监管大臣恼了，转身就走。走时丢下一句话："要是我知道你的石材不是全国最好的，我就报你个欺君之罪！"

工坊掌柜是个手艺人，活好，但脑子不是很灵光。旁边没敢接活的那几个工坊掌柜对他说："你怎么不懂了，你从全国各地选来的石材，肯定比用大石窝的石材贵好多。你多花了钱，他们当官的才好从里面有更多的抽头。"

这工坊掌柜虽然不情愿，但又不敢不按照监管大臣的要求办。于是便到全国各地去挑选造华表的石材。可费尽周折，跑遍山山岭岭，虽说看到的石料不少，可都没有合适的。最终，他还是回到房山，在大石窝找到了一块特别合适的汉白玉石料。石料又大又沉。那个年代，没有什么工具，非得八百匹壮骡子，两百根圆木，再加上几百号人，才能把它运走。

这块石料卸到承天门前时，就如同一座小山。谁看见谁夸，说这块汉白玉石是天下难寻的好石料。

石材来了，下面就是开料动工了。

那个年头，承办皇差头一条是送钱送礼。这个工坊的掌柜自然知道，但没想到的是，这监管大臣本来就对工坊掌柜没从外省运料而是选了大石窝的料，心里正窝火呢，这下更是狮子大开口，工坊掌柜根本拿不出来。他东借西凑，眼看就要把造华表赚的工钱全都搭进去了，监管大臣还是不点头。见这工坊掌柜真榨不出油水了，监管大臣就想换个工坊再榨钱。他就鼓捣人给皇上上折子，禀报说这个工坊掌柜运回来的汉白玉是块残料，下面有道裂缝，不能用，得重新选石材。

皇宫给自己造东西，肯定要选用最为优质的石料。尤其是对汉白玉石料的挑选，那绝对是要体积合适、没有裂痕、质地纯净的石料。这皇上更是有些迷信，要求没有一点瑕疵的石材，才能用来造华表。他看了折子，马上叫监管大臣去查明这件事。如果上面看到一点绺裂，就重新挑选石材。

明成祖把奏折往下面一甩，对监管大臣发了重话，说："要是耽误了华表的制作，连你的脑袋也不保!"

监管大臣让工坊掌柜把大石料翻个身，看看下面有没有裂缝。工坊掌柜知道这是有人故意使坏。这大块的汉白玉料放在承天门那里，本来是只等开料的，此时要给整块料翻个身，看下面有没有绺裂，那不说比登天还难，就是没有绺裂，这一翻身倒腾，再好的料也得给弄出残缺来。那监管大臣也是押宝没人敢接给石料翻身这活，才吃定了工坊的掌柜。

这工坊掌柜没辙了，只好跑回大石窝去求他师傅。

师傅听他说罢，哈哈一笑，说："你放心，去让那大臣等着，三天后我带人去给石料翻身让他看。"

到第三天头上，那位监管大臣真带了一帮朝廷大员，想来看工坊掌柜的笑话。还来了一大堆看热闹的人，把个承天门前闹得人山人海的。

师傅把工坊掌柜的七十二位师兄师弟都带来了，一个个手持木棒、绳索等各种工具，看上去膀大腰圆，真有敢翻山倒海的气势。

看热闹的人都嚷嚷开了，说冲这帮人，这大石头肯定能翻身。

那位监管大臣心里也有点含糊，但还是提高声音，对众人说："你们都听好了，我奉皇上之命，前来查看石料。你们把石料给翻个身，那个下面的样子，我等要亲自过目。如果石头有裂缝，你们谁也别想活着离开！"

师傅不慌不忙地站出来，说："翻石料是小事一桩。只是在我们给石料翻身之前，你得给我们立个字据。"

监管大臣问立什么字据。

师傅说："石料翻过来，如果上面有绺裂，我们掉脑袋这没问题。要是翻过来没有绺裂，该怎么办？"

监管大臣说："没有裂缝，就恕你们无罪啊。"

师傅说："那不成，要让我们给石料翻身，你就得立字据，为石料损毁负责。"

监管大臣耍赖，说："干吗我立字据？"

师傅对众人说："给这么大块的石料翻身，前所未有。如果翻过身来，上面有绺裂，我们甘愿掉脑袋。如果没有绺裂，却把石料损毁了，耽误了给皇上制造华表，这个罪名谁来担？你不签担保的字据，我们就不翻石料。我们说这块石料是好的，打到皇上面前我们也不怕！我们要呈报皇上，有人故意损毁石料，故意耽误华表的制造。看看是谁掉脑袋。"

众人都哄闹起来，叫那监管大臣立字据。

"立字据！立字据！立字据！"

那监管大臣哪里敢立字据。他想，我不过是想多榨点油水。万一那石料下头那面是好的，那影响华表制造的罪，皇上还不得算到我的头上？我才不那么傻，跟你们立什么字据。

师傅声音洪亮地大声说："你不立字据，这石料就是好的，我们也不用翻了。"

监管大臣这时才觉得这些工匠们真的不好对付，真跟他们闹翻了，自己没有钱拿，华表弄不起来，倒霉的还是自己。便甩甩手，说："跟你们这些人讲不出道理来。皇上的旨意才是第一位的，要按时造出华表来。为了不耽误华表的制造，就算你们的石料没有裂缝，马上开始干活吧。"

没有了监管大臣的捣乱，没用几天，承天门的华表就在工匠们的手上立起来了。

慈禧赐匾天义常

　　以前倒腾古玩的那些人，向别人显摆某件东西是好东西时，总爱说：这东西是当年宫里出来的。北京人炫耀自己吃过的好东西时，也爱说：这东西当年慈禧太后吃过。好像慈禧当年在皇宫里当家做主时，把天下好物都扒拉到自己手里赏玩、品尝了一遍，天下的好东西没有她不知道的似的。其实，民间好多好玩意儿，当年那些什么皇上、皇后的也不一定都见过。慈禧还是过生日的时候，对送到眼前的东西都看走眼了。

　　话说当年慈禧为了庆贺她的六十大寿，不惜挪用了几十万两海军军费，用好几年时间翻新扩建颐和园，把本就山清水秀的颐和园修建得更加金碧辉煌。为了给她祝寿，不仅是王公大臣、文武官员奉献厚礼，还要在京的旗人，不分贫富每家摊派一件礼品，孝敬老佛爷。到农历十月初十慈禧寿辰这天，内务府官员从这众多的贡品中挑选了一些精品，在颐和园内德和园大戏楼前精心摆放、布置起来，以供慈禧太后赏玩。

慈禧太后满心欢喜，兴高采烈地在眼花缭乱的寿礼前逛来逛去。在一架葡萄前她停下脚步，这时已是深秋，树木日渐枯黄，但这架葡萄上却还垂挂着几串饱满鲜亮、晶莹挂霜的葡萄，她更加兴奋了："我的生日真是吉利，这个时节还能吃上新鲜葡萄。"

她让太监们给她摘一串过来尝尝。陪同的官员忙伸手阻止，告知慈禧，这葡萄不能吃。

慈禧不高兴了，问道："是不许我吃吗?"

官员们吓得忙跪倒在地，告知太后，说这几串葡萄是假的。不是欺骗太后老佛爷，真是这玩意儿看着喜兴人，摆上来让老佛爷高兴高兴。

慈禧说："这假葡萄做得这么真真的，我还是第一次见。别是为了哄我高兴，用真葡萄来骗我的吧?"她不信这上面挂着霜的葡萄真是人工做的假葡萄，让太监拿过一串来要仔细看看。等太监摘下一串葡萄放在慈禧的手上，她才相信这葡萄真的不是真葡萄。

"这是哪里淘换来的?"

官员回答："贱人常在，恭贺老佛爷六十大寿献的贡品。"

慈禧说："把这常在叫来给我瞧瞧。"

官员们忙一级一级地传下圣旨，传常在进宫。

这常在猛一听是慈禧太后传他，顿时吓得不轻。听官员解释说是葡萄的事，他才稍微松了口气。

这常在不是旗人，也不是汉人。他母亲是蒙古人，当年随一位公主进京，后来嫁给了一个蒙古亲兵。清政府停止了对旗人的俸禄后，他们一家从蒙古营里搬出来，靠制作些泥玩具在街头售卖维持生计。这些用泥为胎，外面涂抹上颜色的玩具水果，被人们用来当贡品或者玩具，倒也有些销路。这泥水果里面就有用泥做的葡萄。

常在随母亲学会了做泥水果，泥葡萄做得尤其好，真是活灵活现的。待成年后，他将泥葡萄珠改成玻璃料质，买来烧玻璃的原料、颜料和坛子等什物，在家砌了火炉，烧制起玻璃葡萄来。他做出的玻璃葡萄做工精细，惟妙惟肖，几乎可以乱真。拿到集市上去卖，很受欢迎。从此，常在就不做泥葡萄，专做料器葡萄了。

慈禧听了常在的这段经历，夸了他几句，然后问他："你有自己的铺子吗？"

常在说："没有。"

慈禧就说："赐你一块匾，做买卖去吧。"

几天后，宫里真派人给常在家送来了慈禧亲笔题写的一块匾，上书"天义常"三个大字。据说这块匾一米长，半米宽，黑地金字，上面有慈禧的题款和大印。

这件事轰动了京城内外。慈禧太后竟然给一个做料器葡萄的人题字、送匾，这多大的面子，看来是让老佛爷开眼了。

　　慈禧这一开眼，倒真是做了件好事。此后，常家的料器葡萄生意越做越好。只是"天义常"这块匾倒是被人们渐渐遗忘了，人们要买料器葡萄，一说找"葡萄常"，就都知道了。

素菜李的传说

光绪二十六年（1900），八国联军侵占了北京，慈禧带着光绪逃到了西安府。甭看她是逃难的，可到了西安府还照样摆谱，顿顿饭要摆上百十来样菜，哪一顿也少不了二百两银子。这还不算，大鱼大肉，山珍海味她全吃腻了，没有爱吃的，就拉长着脸，发脾气，使性子，说御膳房的厨师做得不好。轻的受斥，重的送慎刑司杖毙。闹得御膳房人人心惊肉跳，个个提着脑袋过日子。

这时，有个从圆明园逃来的姓李的小太监，在御膳房里专管做甜辣小菜。因为他家世代以做素菜为业，人称"素菜李"。这素菜李对御膳房总管太监说："我有个法儿，做出的菜保准太后爱吃。"总管太监和大伙儿听说他有法儿，心里当然高兴，催他快说出来。素菜李说："太后和皇上天天吃的都是鸡鸭鱼肉、山珍海味，搁我也得吃腻了。咱们给他们换换口味，上几十道素菜怎么样？麻麻辣辣，甜甜酸酸的，掉换着口味来，他们准爱吃。"总管太监听了沉了沉说："你这说法倒是有道理。要是做出来的菜味不好，太后怪罪下来，你可就没命了。"素菜李说："要不，我先露两手，做几个菜你们尝尝。行，咱就上，不行，就拉倒！"大伙都说就这么办。于是他让别人给准备好作料，炒了个麻婆豆腐，又做了个素鸡腿，还有一个脆炒豆芽菜。大伙一品尝，味道蛮好。

第二天，素菜李大显身手，做了有二十来道拿手素菜。传膳的时候，太监们把素菜放在慈禧和光绪眼前。慈禧和光绪一吃，觉得今天的菜特别爽口。尤其是那烩面筋，又滑溜，又软和，慈禧人老了，牙不济，正对口味。光绪呢，心里常窝着火，最爱吃炒豆芽，脆嫩清香，败火除热。

慈禧高兴了，御膳房的人才算松了口气，再不用把脑袋挂在裤腰带上过日子了。

回到北京后，过了年，正赶上三九天。慈禧进早餐的时候，忽然想起在西安吃的素菜来，传旨御膳房：要素菜李马上给她做一个韭菜炒鲜虾米送上来。

天哪，慈禧两片嘴唇一碰倒容易，可那么冷的天，上哪儿去找现成的韭菜和活虾米呢？这可把素菜李难住了。这个菜要是做不出来，慈禧一变脸，就准没命了。

素菜李想呀，想呀，忽然灵机一动，有了：韭菜不是绿的

　　　　　　　　　　　　　　　　素菜李的传说

吗？可以用芹菜代替；虾米一炒不就成了红的了吗？可以用胡萝卜代替。他把芹菜的筋抽掉了，用刀削成薄片，再切成韭菜叶那么长，那么大，一段一段的；把胡萝卜也切成虾米大小模样，还略带点弯儿，裹上团粉，用油一炸，跟真虾米一模一样，然后炒好了端了上去。太后一看："韭菜"翠绿，"虾米"鲜红，透着喜兴；一吃味道好，满嘴清香，还带点儿虾米味。别的菜没动筷子，就这一碟子菜，吃了个精光。

从那以后，素菜李就常给慈禧做素菜了，名声也越来越大。

紫禁皇城的秘密

明朝有位皇帝，叫朱祁钰，是明朝的第七位皇帝。他是在国难当头的时候登基的。当时，明英宗朱祁镇听信大太监王振谗言，受土木堡之变，被瓦剌军抓走。朱祁钰被众人推举接受皇帝之印，起用于谦，取得了北京保卫战的胜利。瓦剌军觉得朱祁镇没用了，就把他又放了回来。朱祁钰接朱祁镇入宫，善待这位废帝。没想到，朱祁镇发动"夺门之变"，复辟上位，把朱祁钰赶下了台。

朱祁钰为北京城做了那么大的贡献，没让瓦剌军毁了北京城，但死后却被赐庙号"代宗"，连皇家墓地十三陵都没让进去。

朱祁钰在位时年号景泰，他虽然没有入皇家的墓地，但因他命名的一项技艺，却永远留在了北京城，这就是号称"燕京八绝"之一的景泰蓝。

话说景泰帝在位的那几年，对天下事并不是很上心，所以肯担当皇位，只是为了保卫这北京城，保卫明朝皇家的基业。真坐在龙椅上，对朝廷上权贵们争权夺势那一套更是厌烦。每当大臣们在朝上争论不休时，他就直接起身退朝了。走入内宫，动手鼓捣点自己喜欢的小玩意儿。他爱做手工。

有一天，天下大雨，还打雷。这皇宫里有间堆放物品的房子被雷击着了，大白天的就着火，那火着得好大，直烧到夜里才灭了。侍卫们来向景泰帝报告，说事情都了了。景泰帝不放心，要自己过去看。

这一看，整个房子都被烧得落架了。景泰帝这个心疼啊。正巡看着，这废墟里还有没有留下什么。猛然瞧见那大片灰烬里，有一个闪闪发亮的东西。侍卫们说："房子都烧成这样了，还能留下什么好东西。皇上，您就别费心了。"

景泰帝说："你们懂什么，只有经过千锤百炼后还能留下来，才是真正的好东西。"

他扒拉开众侍卫，亲自走进废墟，从一堆残砖烂瓦，还冒着白烟的灰堆里，把那个闪亮的东西扒拉出来。拿到手上一看，是个特别漂亮的瓶子。虽然过了火，但就跟新的一个样。

那个东西铜胎，上面用铜丝勾勒出图案，那些蓝色的花朵就如同真的一般。景泰帝摸在手里，有一种弹弹的感觉，似乎那些花叶在敲打他的手指。那个瓶子上的花朵图案间，还有几句用铜丝线掐出来的诗。那诗句是：宝瓶如花放光彩，全凭巧手把花栽。不得白芨花不开，不经八卦蝶不来。不受水浸石磨苦，哪能留得春常在？

景泰帝觉得这皇宫里的宝贝万万千，都没有这件让人心爱。忙问身边跟的随从，这件宝物是从哪里得来的。众人把宝物传过来传过去，仔细瞧瞧之后，都说没见过。景泰帝把宝物接回手中，反复把玩，真是爱不释手。

可任什么好东西也经不住来回来去把弄，总有个厌弃的时候。景泰帝把从火堆里扒拉出来的这件宝物看久了，就想再要一件新的了。他问遍了朝中大臣，众人都说不曾知道这件宝物来自何方，不知道该去哪里给皇上淘换第二件来。

景泰帝恼了，说："我这宫殿里的宝贝好东西不能只有一件，我要让天下的人都能看到我发现的好宝贝。没人给我进贡，我就在这紫禁城里搭个炉子，自己做！"

说干就干。景泰帝从火中捡拾出来的那件宝物上面有几句诗，琢磨这就是制作这件宝物的方法。这是天授之物啊！景泰帝本来就喜欢动手鼓捣小玩意儿，便真的在紫禁城里搭建了一个炉窑，开始仿制这件宝物。

其实，这件宝物本名叫掐丝珐琅，用铜或者金银制胎，上面用铜丝掐成各种图案，用矿物调制成各种颜色釉料，经过点蓝工艺形成不同的纹样、图案，再经炉火烧制固本，打磨光滑后描金而成。这项技艺本是民间早已有之，被入宫的宫女私自夹带入宫，众官员不知来处，自然也无从为皇上淘换去。

　　　　　　　　　　　　紫禁城里烧珐琅

景泰帝虽然在保皇位上没什么高招，但一发狠心，真的就把这掐丝珐琅给制作出来了。因为是皇上在紫禁城里做的，流传到世上，人们就认为这是皇上发明出来的，于是后人就将用掐丝珐琅方法做出来的这种工艺品叫景泰蓝了。

造办处里『裱』葫芦

都说天下尽是能工巧匠，高手在民间。皇上当年造紫禁城的时候，尽揽天南地北的高手，将一座皇宫造得金碧辉煌，天下无双。等皇上住进紫禁城后，又想把这些能工巧匠留在宫中，长期为自己服务，就专门设立了一个机构，把这些工匠留在了北京城里。

这个机构明朝时叫御用监，到清朝改叫造办处。据说在朝廷兴盛时，造办处分设了七大门类，有四十二作。那时一个行当被分为一作。比如裱画的叫裱作，从事琢玉的叫玉作，做象牙的叫牙作，做绣品的叫绣作，等等。管造办处的都是大官，要么是亲王——皇上的兄弟，要么就是一品大员。可见皇上对这个造办处的重视。

能被选进造办处的工匠，也能享受到给皇上干活的待遇。造办处里有一批"南匠"，就是那些来自广东、苏州、扬州、杭州等地的工匠。"南匠"工细、活好，他们进了造办处，不光有工钱、饭钱，还有春秋换季时做衣服的钱。

能被选进造办处，说明手艺被皇家认可了。那可是最高权威！比做了一件活，卖多少钱都要值得炫耀。很多工匠都想进造办处。特别是年景不好的时候，自己不好干活挣钱，能进造办处那就衣食无忧了。

可要进造办处也不是那么容易的。有年，乾隆皇上让造办处挑几个裱画匠进宫服务，造办处就到江南精心挑选了四个手艺高超的"南匠"，送到乾隆面前。

乾隆问这几个人："你们觉得自己的手艺到什么程度了？"

几个裱画匠想，在皇上面前不能太谦虚了。要说手艺不好，皇上一生气，说，你自己都觉得手艺不好，还敢到圣前混饭吃？给我拉出去把脑袋砍了，那不就坏事了吗？于是，几个人抢着说自己手艺多么好，都给多少名家高手裱过作品。

乾隆问："那就是说，你们无所不能，什么东西都能裱，是吗？"

几个裱画匠忙点头答是。

乾隆说："那我就拜托你们给我裱件东西。"

乾隆让太监拿出一个物件，几个裱画匠一看，全都呆了。

皇上让拿给几个裱画匠来裱的，是个细腰葫芦！

葫芦者，福禄也！

中国人好葫芦。因为葫芦生长快，能蔓延，多果实。丢下一枚葫芦籽，它就能长得漫山遍野。这种特性据说跟人类原始母性崇拜和人们希望子孙繁衍、多子多孙的愿望相契合。于是，人们就产生了对葫芦的崇拜和喜爱。认为葫芦是增寿、降瑞、除邪、保福、佑子孙的吉祥物，也产生出了很多与葫芦有关的神话和吉祥故事。

过去大户人家大都在中堂中悬挂或摆放几个天然葫芦，认为有化煞收邪、趋吉避凶的作用。

新婚的夫妻床头放葫芦，可以促进夫妻感情，白头偕老。

过年了，用红绳线串绑五个葫芦，挂在家门口的梁上，称为"五福临门"。

葫芦是个吉祥图案，古代画家有很多人画葫芦，几位"南匠"在裱画时也裱过很多上面有葫芦的画作，可是，要把真的葫芦给"裱"了，这还是闻所未闻的事情。

乾隆说："给你们三天时间，把葫芦裱过后，交给我验看。"

乾隆让几位裱画匠裱葫芦，显然是要测试一下裱画匠的手艺高低真伪。但皇上说的话就是圣旨啊！既然是皇上发了话了，那三天后如果这个葫芦没有裱好，那就不是能不能留在造办处赏口饭吃的事了。皇上要不高兴，很可能赏个大板刀，那脑袋可就没了。

从养心殿出来时，几个裱画匠身上的衣服都被惊吓的汗水打透了。造办处官员也很着急，如果几个裱画匠不能把葫芦给

　　　　　　　　　　　　造办处里"裱"葫芦

裱了，他们也要担个办事不力的罪名。这官员捧着从皇上那里领过来的葫芦，把几个裱画匠带到造办处的屋里，一个劲儿地催问几个人："你们有把握没有？"

几个人说："我们从来没裱过葫芦！"

官员几乎要哭了。"你们这不是把我也给坑了吗？"

几个裱画匠心里也恼怒。"从来没听说过裱葫芦的，这皇上就是想成心坑人！你不想给我们这碗饭就明说，我们走人，不干这份活了，那也用不着这样啊？这事干不好，不光砸了我们的饭碗，还可能掉脑袋。"

几个裱画匠一生气，也不管不顾了，脱下身上被汗水湿透的衣服来拧干。这几个人也不是青春少年，身上脱得光光的，造办处的官员觉得没脸看，忙把头转过去。就在他转头的时候，听到一个裱画匠叫起来。

"我有办法了！"

这官员忙转回身，问这人："什么办法，快说出来！"

这个裱画匠说："皇上只说让裱葫芦，可没有说是裱葫芦外面还是葫芦里面。葫芦外面没法裱，咱们可以裱葫芦里面。"

几个裱画匠本都是高手，被这位一点破，都心领神会，开心地大笑起来。问他："你怎么突然开窍了？"

这个裱画匠说："大家都脱光了，看见你们这身上一层层皱皱巴巴的老皮，我这才想到葫芦不光有外面，里面还有瓤呢。"

造办处的官员还没想明白怎么回事。几位裱画匠让他找来一个瓷碗，把碗摔碎。之后把葫芦去蒂，开一个小口，取出里面的葫芦籽，把碎碗碴装入葫芦内部，几个人轮流摇晃，使碎碗碴将内部打磨光洁。然后把白绵纸用水浸一夜，调匀灌进葫芦里，随即倒出。等葫芦里的纸浆干了再灌入新的纸浆。这样每天倒腾数次。

到了三天头上，乾隆召见几个裱画匠。接过呈上的葫芦一看，葫芦里面果然有一层纸裱在其中，而且，非常光洁，就如同天然生长在里面一般。

皇上大喜，令重赏几个裱画匠，并把他们都留在了造办处。

紫禁城里面有很多名画，都是皇上四处淘来的，或者大臣、各地官员进贡来的，这些传世名画历经岁月，过些年就要重新装裱一次，才能让后人看到全貌。紫禁城如今叫故宫，里面养着一批专门修复古画的技师，技艺高超。或许，他们都是当年裱葫芦的那几人的传人。

造办处里"裱"葫芦

乾隆爷做寿收面人

在有皇上的年代，皇上要过生日，要做寿，那可是天大的事！满朝文武官员都会绞尽脑汁，想着怎么给皇上送上一份大礼。平常办事能不能让皇上满意，倒也不是特别打紧，但皇上生日这份礼要是没送好，那可能这辈子的官运也就玩完了。可送礼不是一件容易的事，尤其是给天下最有钱的皇上。每次皇上过生日，满朝官员都如同面临过堂一般。

话说这年乾隆爷过生日。他往上面一坐，下面的文武官员挨着个地把自己精心准备的寿礼献上来。这些官员一边偷偷看皇上的脸色，看皇上是不是喜欢自己送的这份礼；一边用心观察别人送的什么礼，看看跟自己的比一下，是不是比自己送的更讨皇上的欢心。送上最合皇上心意的礼物的官员，每年都会得到一份重赏。

官员中有些机灵的，在送礼物的时候都选个先后。如果觉得自己准备的礼物一般，就往前赶，先送完，免得跟前面送的大礼比较，当时就看皇上的脸色。如果觉得自己准备的礼物很新奇，就会故意往后沉沉再出场，好赢得满堂的喝彩声。这乾隆爷坐朝的时候，朝中就有位脑子很好使的官员。没错，就是那个刘墉，刘罗锅子。他总能做出些开始让皇上生气，最后又让皇上开心的事来。

这天，刘墉也是沉在后面。看别的官员送的寿礼都摆得差不多了，才招呼人，把自己准备给万岁爷的寿礼抬出来。寿礼放在一个朱漆描金的大礼盒中。打开礼盒，刘罗锅从中把活灵活现的老寿星和八仙人捧出来，摆在案子上。只见这老寿星和八仙人，一个个如玉琢金镶般的，晶润、鲜亮、艳丽。乾隆爷和众官员都猜不出这是用什么做的。有人猜是用玉石雕的，也有人打赌说是用象牙做的，真是从没见过这么精巧的玩意儿。

乾隆想，刘罗锅给自己送这么新奇的寿礼，一定是花了大价钱。他已经习惯跟刘罗锅开玩笑了，便对他说："你花了多少钱，实话告诉朕。说出来，要是花得太多了，没钱吃下顿饭了，朕重重有赏。"

刘墉笑而不答，抬手伸出一个巴掌。官员们这就猜起来。有人猜是五千两银子，有人猜是五万两银子。反正是给皇上的寿礼，猜的数目越大越好啊。见刘罗锅一个劲摇头，乾隆也忍不住问他："究竟是多少钱？"

刘墉这才说："不瞒皇上，这些只花了五两银子。"

众官员一听说才花了五两银子，顿时开始指责刘墉糊弄皇上。

"皇上过生日，刘墉也这么吝啬。"

刘墉请皇上近前观看，告诉乾隆爷，之所以花的银子少，是因为这些是用面粉捏出来的，是面人。

这刘罗锅怎么想到用面人给皇上送寿礼呢？真是因为他吝啬，不舍得花钱吗？自然不是。

捏面人这种手艺，其实在民间早就传开了。在我国盛产小麦的地区，人们天天接触面粉，用水和好的面粉可塑性很强，人们在做饭时，不论大人还是孩子都会随手用面捏出一些小动物或小玩具来。人们可以用面捏元宝、牛、羊、鱼、鸡、兔等形象，用来祭祀神祖，或用来供小孩戏耍。有些地方就管面人叫"面花"。在年节时，把自己亲手捏塑蒸熟的"面花"相互赠送，表示吉祥祝愿，也展示自己的心灵手巧。

再说回刘墉刘罗锅。这刘罗锅老家是山东，从他父亲当官才开始留居京城，但家里用的各种打杂干活的用人，大多都是他山东老家那边过来的。他的厨房里有个做饭的，这天从老家来了位亲戚，这人姓王，因为家乡年景不好，到北京来想找个事做，挣点钱养家糊口，一时没找到合适的事。每天闲的时候就到厨房来帮忙，这天在帮着揉面蒸馒头时，这位王师傅来了兴致，把在家里时看老婆做"面花"时学的手艺亮了出来。他用面捏出了几个桃子、鱼、马、牛，和馒头一起放在锅里蒸了。等出锅时，大家看着活灵活现的小动物，都舍不得吃。刘罗锅也看到了，觉得挺有意思，便叫他多捏点，哄孩子玩，还可以拿到庙会街市上去卖了换钱。这王师傅一听很高兴，也不去找活干了，就开始捏面人。捏好了，拿到庙会街市上去卖，还真的就赚到钱了。

等到要给乾隆爷送寿礼时，刘罗锅开始也发愁，后来想到王师傅捏的面人，觉得这是个出奇制胜的法子，便请王师傅精心捏制了一组祝寿的面人拿到了皇上的面前。

乾隆爷对刘墉送的这份寿礼大为欢喜，加倍赏赐了他。

这件事过后，许多皇亲贵戚、臣僚富宦，都到刘罗锅子府上来求购面人。

这位王师傅因为乾隆爷的赏识，给自己找到了一种生计。从此，他就在北京城常住下来，自立门户，成了一个以制作面人为生的民间艺人。之后又把手艺传给儿子，将捏面人这门手艺一代代地传了下来。

金圣叹破题刘伯温

中国人喜欢读《水浒》，读《水浒》的人不见得读过金圣叹的评点，但大都知道有这么个人，知道他对《水浒》的点评很厉害。金圣叹评《水浒》，那也是中国文坛上值得记录的大事情。金圣叹不光评点过《水浒》，还评点《离骚》《庄子》《史记》《西厢记》和杜甫写的诗，说这些跟《水浒》合在一起，是天下"六才子书"。只是在说过这话之后，他看了《三国演义》，又给了《三国演义》"天下第一才子书"的称号。

可见这位大才子看东西的眼光，也在随着他的人生阅历不断变化。但不管怎么说，金圣叹的眼光还是很厉害的。后来崇祯年间发生的一件事，更让人们佩服他看透世间万物的"神力"了。

这事得从明成祖朱棣迁都北京说起。

刘伯温奉命修建北京城，等朱棣从南京搬到北京的时候，刘伯温特地叮嘱这位皇上，说："皇上指派我来造北京城，是对我的信任。为了感激皇上，为了大明的江山永固，在造城的时候，我特别设下了两个机关。希望皇上自己持守并告诫后世，这两个机关绝对不要轻动。"

刘伯温是朱棣的军师，在明朝那是半仙式的人物，会看风水，能推算天运。朱棣的天下都是靠刘伯温打下来，对他的话自然无有不听。

"军师请明言。"

刘伯温说："皇上记住两件事。第一件事，我在紫禁城内建了一座宝库，别问留着这些宝物干吗用，只要知道无论到哪年哪月，谁都不许打开它，就可保江山永固。第二件事，在煤山我开了东西南三个门，只有北面没设门。在北面我设了一个神符大帐，里面我布下了一员大将、两匹战马、三百精兵。只要这个大帐不撤，这些兵马就会每日操练，万代相传。这两件事，天机不可泄露，定有灵验，请万岁下圣旨方保施行！"

煤山也就是后来的景山，它在紫禁城北面，用修建紫禁城时挖出来的土堆积而成。朱棣到那里视察时，的确见到北围墙内有一个大棚帐。但看着这个棚帐里面放进一员大将、两匹战马还凑合，根本装不进三百精兵。但朱棣想，刘伯温既然这么说了，肯定有他的道理，便说："成，我都答应你。"

自从朱棣答应刘伯温这两件事后，明朝相传了两百多年，

　　　　　　　　　　　　　　　金圣叹破题刘伯温

虽然有些风风雨雨，但也一直确保是朱家的天下。等到了崇祯这朝上，外有强敌，内有暴民，一连数年天下大旱，百姓颗粒无收，国库更是空空如也。满朝文武期盼皇上想办法。崇祯也被逼得实在没办法了，猛然想到了祖上留下训示，不得干的那两件事。眼下看着朝廷就要断了生路，那也顾不得什么禁忌了，先把刘伯温留下的那个宝库给打开，先拿点财宝出来救燃眉之急吧。

听说要打开宝库，众大臣纷纷劝阻，说这是祖上立的规矩，不能动呀！

崇祯见大臣们都反对，就编了段瞎话，说他梦中听见宝库里面有小孩的哭声，一定要打开看看。"人命比财宝重要！"

众人无奈，只好随崇祯皇上的意思，打开了宝库。

没想到，宝库打开，里面空空荡荡的。只见地面放着一个木盒。打开木盒，里面露出三张画。

第一张画上面画着一个红胡子蓝靛脸的魔鬼，一只手托着太阳、一只手托着月亮，两脚叉开，形似出走的样子。第二张画上画着一条长河，上写"通天河"三字，无边无际，波浪滔天。河边上跪着一个姑娘，手里拿着两根针，一板线，两眼落泪。第三张画上画着一座城门中有匹高头大马正在出城。城门两边的城墙上，每边各有九个小孩，头朝下在爬城。城楼上长着一棵李子树，结了一个果，还长着一只眼睛。

崇祯皇上看了三张画，不解其意。满朝文武也都莫名其妙。

有人提议，说金圣叹评点《水浒》在社会上引得议论纷纷，看来这个人对世道人心很是通透，不如把他请来解读一下这三张画的意思。

金圣叹进宫看了三张画，半晌无语。众人催问，说："莫非你也猜不出刘伯温留下的谜团？"金圣叹说："非也。要解读、评说这三幅画，须得皇上先赦我无罪。免得说出画的意思来，话不投机，给我惹来杀身之祸。"

崇祯不知道言辞尖刻的金圣叹嘴里会说出什么来，本不想先给他免罪，但众人跪求崇祯，求皇上快让金圣叹说明原委。崇祯只好点头，对金圣叹说："你大胆说，孤赦你无罪！"

金圣叹指着三张画，一一道来。他先指着第一张画说："这上面的魔鬼手脚叉开而立，显然是个大字。两手分托日、月，合起来是个明字。此人形如出走之态，此画可解，意思就是大明已经被人取走了。"

众人噤声。

崇祯摇摇头，说了句："一派胡言。"但他仍示意金圣叹接着说第二张。

金圣叹指着第二张画，自己先摇摇头，说："滔滔大河预示前路已尽，无路可寻。而该女子手中用双针，双针意为'重针'，这冲了陛下的年号。"

崇祯显然对这句话更加重视，崇祯名叫朱由检，为明思宗，崇祯是他这一朝起的年号。两百年前永乐皇上时代的刘伯温的

　　　　　　　　　　　金圣叹破题刘伯温

画上怎么会出现意指重（崇）针（祯）的画呢？

崇祯觉得自己的嘴也哆嗦起来。"你说……这第三张画呢？"

金圣叹再仔细看看这第三张画，说："画上城门中一匹马，是个'闯'字；城墙上画十八个小孩，'十八子'乃是'李'字；城楼上画李子树，树上结有一果，有一只眼在上。这三个意思合在一起，就是'李闯王'三字。陛下，大明的江山看来要落入此人之手。"

崇祯再也听不下去了，叫人把金圣叹速速轰出宫去。他指着金圣叹的背影大声说："你还是去评批你的小说吧，胡编乱造的歪理邪说！朕的江山岂是你能看懂的?!"

虽然把金圣叹轰走了，但金圣叹解说的刘伯温留下的这三张画上面表露的意思，仍然让他心惊肉跳。他觉得刘伯温留下的是不祥之物。宝库既然已经开了，里面是异端邪说，那他那个大棚帐也别留着让人猜忌了。他下旨皇宫的禁卫军，立刻把煤山那里的大棚帐拆了。

崇祯刚把禁卫军派出宫，下面人就报，说金圣叹叩求立见皇上。崇祯猜不出金圣叹又有什么胡言乱语，又很想听听，便让宣金圣叹入宫。

金圣叹问崇祯，刘伯温当年除了这个宝库，是否还留下了什么东西。崇祯很奇怪，问他："他留下三张画蛊惑众人还不成，你为什么觉得他还会留下别的东西？"金圣叹说："刘伯温通晓天文地理，又是风水大师。他留下一物，不论预示是吉兆还是凶兆，必还会留下一物与之相克。他那三张画预示了大明朝将要面临的灾难，必会还留下挽救大明江山的办法。"

崇祯一听，忙让太监去阻住御林军。可是已经晚了，御林军已经把那个棚帐给拆掉了。崇祯问御林军在拆棚帐时发现了什么。御林军首领说："拆开棚帐时没有别的，只看见一些做成人形的纸片在里面乱飞。"

金圣叹听罢，长叹一声："大明的江山真要完了。"

原来，刘伯温当年预见到了百年后大明将要遇到的变故，预先作法，在煤山上埋伏下了一些纸符做的兵马，当皇上有难时，这些纸兵纸马可以变成兵将，抵挡来敌，救护皇上脱险。但崇祯皇上无知，把这些都毁掉了。当李自成真的打进北京城，他跑到煤山上时，再也没有可用之兵，只好在一棵歪脖子树上结束了自己的性命，也结束了大明朝。

金圣叹破题刘伯温

二十五方宝玺中的『赝品』

　　玉玺，就是皇上用的印。据说，每个皇上用的玉玺都不止一个。过去有个说法，叫"传国玉玺"，有了上一代传下来的玉玺，这个皇上才当得名正言顺。

　　坐了龙廷的皇上用玉玺，据说从夏商周三代进入青铜时代后，就开始有了。战国时期，苏秦挂六国相印，合纵抗秦。只是那时方寸之印都可称为玺，到了秦始皇统一六国建立秦朝称始皇帝起，才规定只有皇帝所掌之印才称为玉玺。此后每朝的皇帝，都要制作象征他拥有皇权的玉玺。

　　据传，秦始皇在位之时先制玉玺六方，后得到一块上好的蓝田玉，由丞相李斯篆文"受命于天，既寿永昌"几个字，由玉工琢雕成玺。这方玺就是传说中的"传国玉玺"。

　　之后的朝代，也是大多做六方或八方玉

玺。只是到了唐朝，才将玉玺的数量增加，改为"九玺制"。唐朝皇上用到九个玉玺。到了南宋一朝，虽然只是半壁江山，皇上的玉玺已经达到了十四方。到了明朝，朱元璋开国之时制玉玺十七方，后又琢雕了七方。明朝的皇上使用的宝玺达到了二十四方。

到清朝，皇上使用的玉玺的数量多得都不好记了。到乾隆十一年的时候，他本人从一堆宝玺中选出了二十五方，作为治国理政日常上用。这就是传到今天仍大名鼎鼎的"清二十五方宝玺"。

但据说，这"清二十五方宝玺"虽是乾隆亲自选定的，但其中有一方玉玺却是"赝品"。这就是皇太极所用的"制诰之宝"宝玺。

这方宝玺为什么会是"赝品"，又怎么混进"清二十五方宝玺"中了呢？

先说这方宝玺是怎么冒出来的。

据说这"制诰之宝"，在满族人进山海关到北京坐天下之前就有，世世代代相传，后来不知怎么就遗失了。过了两百多年，有个放牧的人在山里放牧，发现好好的羊都不吃草了，整整三天，总围着一个地方转悠。放牧的人本来懒散，这会儿也实在看不下去了，羊老不吃草会饿死啊，他就到羊群围着转悠的那个地方看了看，地面没看到东西，就往下面挖，挖着挖着就把这个"制诰之宝"给挖出来了。

　　　　　　　　　　　　二十五方宝玺中的"赝品"

这方宝玺什么样？据说是：青玉材质，上雕蛟龙钮，上面是用篆文雕琢的文字。

据说是多尔衮先得到这方宝玺的。努尔哈赤死后，当时继位的皇太极很多人不服，认为他名不正言不顺。皇太极获知多尔衮战胜蒙古人，取得"制诰之宝"，就在多尔衮班师归来时，在城门外组织了一个仪式，说是迎接多尔衮，实际上举行了一个隆重的受宝大典。当众让多尔衮将"制诰之宝"献给他，以此显示他继承皇位的名正言顺。

按说，这方"制诰之宝"事关清朝皇位继承的关键，但奇怪的是，据说乾隆帝在钦定"清二十五方宝玺"时，其中竟然没有这方传国宝玺。更奇怪的是，过了几年，乾隆皇上从"清二十五方宝玺"中撤去了一方宝玺，换上了一方青玉制的"制诰之宝"，凑成了最终版的"清二十五方宝玺"。

据有关专家考证，那个失踪了二百多年，被皇太极当作"传国玉玺"的"制诰之宝"原本就是一个假的。那时大金还没有成为大清，那个用篆文刻的玉玺可能就是他们仿照元朝的宝玺做出来的。后来，乾隆帝发现这个"制诰之宝"并不是真的"传国玉玺"，便叫人把玉玺上面的字磨掉，然后把这个玉玺给毁掉了。但后来可能又考虑到朝廷江山的传承，不能皇上自己把自己前面皇上做的事情给否了。便又令工匠重新制作了一方"制诰之宝"，并纳入"清二十五方宝玺"，来说明朝廷传承有序。

清朝开朝时的几位皇上，在皇位该是由谁来继承的事上，民间有过很多传说，有的传得可邪乎了。"清二十五方宝玺"里面"赝品"玉玺的出现，肯定跟这个也有关系。

断虹桥上穿衣服的石猴

　　紫禁城虽然是皇宫，但里面也有很多桥。其中有一个桥叫断虹桥，就在紫禁城武英殿东面的浴德堂那里。桥上有个石猴，你仔细看，这个石猴是个穿着衣服的猴子。

　　石猴怎么会穿上衣服？

　　话说这座断虹桥明朝永乐年间就有了。紫禁城就是明成祖朱棣，也就是永乐皇上迁都北京时修建的，可见有紫禁城就有断虹桥了。这桥是用汉白玉造的，是个单孔石桥。全长有二十来米，宽近十米。桥呈八字形向外分开，桥体匀称，秀美，远处看上去这桥就如同天上的一道彩虹，因此起名叫"断虹桥"。

　　桥造得漂亮，跟桥上用来装饰的那些石雕也有很大关系。

　　我国古代有六大传统雕塑艺术，陶、木、

石、骨、铜、泥。其中，人们日常见得最多的可能就是石雕。旅游去风景点的时候，看到的很多石窟、行道、岩壁上，都有石雕。还有一个日常生活中很多的，就是各种石桥上的石雕。只要是座石头做的桥，不论是汉白玉的，还是什么石材做的，那桥上一定会有石雕。都说中国人最善于在生活中发现美，从石桥上的石雕装饰就可见一斑。没有那些石雕一点儿不影响石桥的使用，但造石桥的工匠们就是要在桥上留下精心雕琢的各种神奇的造型和美妙的图案。

断虹桥上的栏板上都雕刻了很漂亮的图案，中心部位是两条龙，上面还有很多个小狮子，活灵活现的，很可爱。但是，人们到断虹桥关注最多的还是石雕的那只套着布袋的小猴子。

干吗要给小猴子身上穿上布袋呢？

传说早年间，宫里有个漂亮的妃子，在浴德堂里洗澡。正洗得酣畅淋漓的时候，她突然发现窗户上有个人影在晃来晃去，似乎在往屋里偷窥。这下把漂亮的妃子吓得不轻。她一面惊叫来人，一面顺手抓起身边用的玉瓢，朝窗户上的黑影砸过去。那时候皇宫里的窗户，也是木头窗棂上面糊纸的。那个妃子因为被惊吓，玉瓢打出去的时候用了好大的力气，窗棂都被她打碎了。那个黑影也不见了。

听见喊叫声和砸东西的声音，宫女和太监们都跑过来，问那妃子出了什么事。妃子也不好意思说有人偷看她洗澡，只说自己不小心，把用的玉瓢给丢到窗外去了。她让宫女和太监们

断虹桥上穿衣服的石猴

帮她把玉瓢找回来。

　　宫女和太监们到屋外找来找去，连个玉瓢的影子也没有见到。这些人以为这妃子受惊吓后记错了。但妃子坚持说她把玉瓢丢到窗外去了，一定要找回来。宫女和太监们只好一路往外找。从浴德堂里一直找到武英殿，又从武英殿摸到了断虹桥，这才发现那个桥柱头上面雕的那只石猴的前爪上抓着一只玉瓢。这些人忙上去要把玉瓢取下来。可是，任凭如何使劲，那个玉瓢就跟长在石猴身上一样，就是拿不下来。

　　众人没有办法，去问妃子怎么办。妃子也不能说是石猴来看自己洗澡了。大家想来想去，这事反正是不能让皇上知道。于是只好找个黄色的布袋，把石猴子给套上了。

"遮阴侯"古柏胜菩提

紫禁城里有很多古树，这些树都有来头。

当年，皇上和皇后们都喜欢种菩提树。相传当年佛祖释迦牟尼修行多年，一日终于在印度伽耶山的菩提树下大彻大悟，之后就成佛了。信徒们为了纪念佛祖，表示对佛教的虔诚和信仰的忠坚，除了在寺院中广种菩提树，在其他能种的地方，也是大种菩提。紫禁城里面的皇上和皇后们，有很多也都信佛，于是在皇城里面大种菩提，祈求佛祖的保佑。

在故宫英华殿碑亭两旁，就有两棵明朝种上的菩提树。种在东边的那棵，人称"九莲菩提树"，号称北京的"古菩提树之最"，活得年头最久。据说这棵树就是明朝万历皇帝的生母，慈圣李太后种的。这李太后信佛，在宫里曾经大搞佛事，还自称是九莲菩萨的化身，曾常常梦见九莲菩萨为她传授经文。这两棵菩提树，也出了名，乾隆皇上还为它写了首诗，叫《英华殿菩提树诗》，翻乾隆的诗集就能看得到。

皇上和皇后那么喜欢菩提树，但说起来真正让他们得到大树庇护的，还得说古柏。

在紫禁城里堆秀山的东侧有一棵古柏。这棵古柏树高八米，树干有一米粗。平常它都长得很茂盛，但有一年，乾隆皇上又下江南去了。乾隆一出宫，这棵古柏就日渐枯萎。理事的太监们想了很多办法，也不见树的样子好转。这些太监日日担心，怕皇上回来，看见这么大一棵树死掉了，一定会重重责罚他们。

这样担惊受怕地过了好几个月，乾隆终于南巡回来了。

几个月没回家了，他对太监们说："走，带我去四处转转。好好看看宫里，在我离开这些日子，有什么不同了。"

太监们在前面引着皇上走的时候，一个劲地想从那棵要枯死的古柏旁边绕过去。不想，这位乾隆就非要去看看这棵古柏。

太监们劝乾隆，说："皇上，咱们还是去看看那些菩提树吧，一棵老柏树有什么好让您惦记的。"

乾隆说："我才不惦记一棵老柏树，只是在江南这一路上，老觉得有些灵异之事。所以要在这宫里多看看。"

太监没招了，只好把乾隆引到了那棵古柏树前。到跟前一看，太监们都惊呆了。只见昨天还枝条萎靡，树叶枯黄的柏树，突然间就枝叶繁茂起来，一根根枝叶上油光发亮，含翠欲滴。

乾隆看到太监们目瞪口呆的样子很是奇怪，问他们看到了什么不可思议的事情。

太监们匍匐跪地，向乾隆禀报，说："皇上您一出宫，这棵古柏树就枯萎了。您这一回宫，这树又活过来了。真是皇上庇护，树有神灵。"

乾隆一听，也是大为惊讶。他说："不是我庇护古柏，是古柏庇护了我。"

他告诉众太监，下江南这一路正值酷夏，天气炎热，随从的众人一路上个个都是汗流浃背，只有乾隆一人不仅不曾有大汗淋漓的时候，而且还一路爽身惬意。

"看来是这棵古柏树有神灵，随我出宫，一路暗中为我遮阴。真乃朕的守护之神！朕要为它封侯，一生富贵。"

于是乾隆就下了一道谕旨，赐封此古柏为"遮阴侯"。还为它题写了《柏树行》，刻在碑上。那块碑就在这棵古柏树旁的摛藻堂的西墙上，一找就能看见。

　　　　　　　　　　　"遮阴侯"古柏胜菩提

挚爱终身的仙鹤

故宫里的东边有个储秀宫，储秀宫的门前立着一只铜仙鹤。按说，被放在故宫里的摆件，那都是经过工匠精心打磨，官员千挑万选之后送进来安放的，都是没有毛病的绝世精品。储秀宫门前的这只仙鹤，看上去身形修长俊秀。跟它的两只眼睛一对视，你会觉得那灵动的大眼睛在跟你说话，你恨不能掏心窝子，马上跟它说上几句知心话！可这样一只仙鹤，它的左腿上却有一块非常明显的伤痕。有懂行的人说，那是箭伤！是被人用箭射到，没有好好治疗因而留下的伤痕。

这只铜仙鹤腿上为什么会留下这样的伤痕呢？

传说这只仙鹤原本是一只野鹤，修炼千年终于得道。它不愿意回归鹤群，也不愿在深山老林里寂寞羽化。这天，它在四处飞翔，找寻自己喜欢的东西时，飞到了故宫的上面。此时，乾隆下朝了，正往后宫行走，这只仙鹤一眼就看中了乾隆，它想到故宫里面来，陪伴在乾隆身边，跟这位看上去就与众不同的男人日夜相见。

虽然有了这个心愿，可怎么接近乾隆呢？这只仙鹤本来可以用各种变身的法子来让乾隆认识它，但想来想去，仙鹤觉得还是以自己本来的面目拜见乾隆。等乾隆接受自己之后，再变化各种样子讨他的喜欢。想好后，这天，当乾隆又一次下朝往后宫走的时候，这只仙鹤就飞到乾隆眼前，伸着漂亮的长脖子对乾隆说："万岁爷，你是天下最有洪福的皇上。我是从南山飞来的，特意来侍奉你的，请皇上接受我。"

乾隆见多识广，遇人无数。他把这只仙鹤认作是一只不愿做事，只想来皇宫里混饭吃享清福的普通道士，没搭理仙鹤，自顾自地往前走。仙鹤不愿轻易暴露自己女子的身份，边追着乾隆飞，边央求乾隆，说："万岁爷，万岁爷，我可以给你打更护驾。我可以给你打更护驾。"乾隆虽然有些不高兴，也不愿意得罪仙道，便丢下一句话，说："那你就在储秀宫前站着吧！"

这仙鹤真的就在储秀宫前站着了。它想，这回我可以一直守着乾隆皇帝了。皇帝走来走去的，我这么忠实地按照他的话站在这里，他总能有看到我的机会，总能有喜欢上我的那一天。

可这乾隆不是个安分守己的人，没几天就要往外跑一趟。时间短，仙鹤还没觉得什么。可皇上下江南，一走就是几个月

　　　　　　　　　　挚爱终身的仙鹤

大半年的。仙鹤站在储秀宫外，见不到皇上，真是度日如年，一点乐趣也感受不到了。这天，乾隆又带着一队人马下江南去了。仙鹤在储秀宫前站了几日，终于忍不住要见到皇上的念头，便展翅而起，直奔蓝天，追着乾隆爷也下江南去了。

乾隆到了杭州，除了办公事，就是带着弓箭，到处打猎，追着山鸡、野兔子之类的动物没完没了。

仙鹤看到乾隆拿着弓箭乱跑，很是担心他的安全，就从天上直线向乾隆飞了过去。它本是一番好心，想去守护乾隆。可没料想，这乾隆正策马跑着，忽觉天上好大一片阴影飘来，心想，终于让我遇到一只大鸟了。马上张弓搭箭，向仙鹤射去！

这仙鹤是一心来护驾的，根本没有想着要防着乾隆，更没有想要闪躲，顿时被那箭射在了腿上。它腿上滴着血，对乾隆说："皇上，我是来守护你的！"

乾隆爷没想到自己射中的是一直在储秀宫守护自己的仙鹤，他有些狼狈，又因为狼狈而恼怒起来，大声训斥仙鹤，说："谁让你跟我到这里来的？我命你在储秀宫站着，你就在那里给我站一辈子，一步也不许动！"

仙鹤见自己的真心并没有得到回报，便腿上滴着血飞回了储秀宫。她也不愿丢弃自己要守护皇上的心愿，从此它就站在那里，再也没有离开过。

买卖兴隆的巧思

巧取字号『内联陞』

老话儿说:"爷不爷先看鞋。"北京人出门在外,脚上没双好鞋那可不成。脚上有了面儿,脸上才有光。北京城里有名的鞋店自然要数到"内联陞"。一个卖鞋的店,名字叫"内联陞",这里面的学问可就大啦。

"内联陞"是天津武清县一个姓赵的人开的。这位赵掌柜十几岁从家乡来到北京,在东四牌楼一家鞋铺学徒。他脑子聪明,又吃苦能干,几年下来,学就了一手好活计。出徒之时,竟得到京城里一位官老爷的资助。这位官老爷自己出资白银千两入股,还帮着赵掌柜筹了白银万两,在大栅栏里开了一家朝靴店。一万两白银开一家鞋店,可见这赵掌柜一出手就根本没想赚普通老百姓的钱。

开店得有个字号啊。赵掌柜对自己开店要伺候的主顾非常清楚,于是脑子一转,就想出了"内联陞"这三个字。

穿朝靴的不是文官，就是武将，皇宫大内，哪个不想步步高升呢，于是就取了"大内"的"内"，再来个"联升"，意思是只要穿上"内联陞"的朝靴，就保你在皇宫大内连升三级。真是没有比这三个字更适合做鞋店的字号了。

"内联陞"这个字号一叫出来，上至朝廷大官，下至衙署小吏，都来排队买鞋。就连对面铺子里刚出徒的伙计也盼能升个掌柜，非要买双"内联陞"穿不可，你说这鞋店能不火吗！不过话说回来，鞋是穿上了，升不升，"内联陞"就管不了啦。但只要有"升官"的，"内联陞"的顾客就少不了。

为了更好地招揽顾客，据传，"内联陞"店里还搞出了一本《履中备载》。

这天上板关门后，赵掌柜看着账房先生结账，数钱，突然抬手拍了一下脑门。账房先生吓了一跳，以为掌柜看到自己出什么错了。忙问赵掌柜："您看我哪儿出错了？"赵掌柜拍着脑门说："不是你出错。是我才觉得咱们差点错过了一件事。一件继续挣大钱的事。"账房先生松了口气，问是什么事。

赵掌柜把他刚想到的讲给账房先生听。他说，一般小官小吏，七品以下的当官的，都是本人亲自到店里来买靴鞋，而那些中高级官员、大臣什么的，一般不会亲自到店，大都是派人来，叫"内联陞"店里派熟手的伙计去给家里人量尺寸，画样子。这是店里必备的服务，但也是一件非常麻烦的事。派过去的伙计一不小心，或者进门时正巧碰到哪个官老爷刚出了件烦心事，处理不好，跑了生意不说，要是一走神，或者官老爷不配合，弄错了尺寸，给那位大员穿了"小鞋儿"，那还了得！

账房先生说："这是免不了的。以前上门量脚时，为了不出错，给大官做的靴鞋都得让伙计多跑几趟。量得没错了才敢下真料。"

赵掌柜说："这次我想好了，干脆，以后凡是在咱们店里做鞋买鞋的顾客，也不管他是达官还是小吏，都把他的姓名、年龄、尺寸、样式、特殊爱好、家庭住址统统登记备案，以后这些达官贵人再做鞋，传一句话来，咱们就依据其中记载做好，送去一穿，准保合适。"

账房先生伸大拇指，点头认同。"那些熬到当了大官的，脚丫子也不可能再变大变小了。"

赵掌柜说："你别说，变小有可能，变大可就别想了。"

两个人哈哈笑了一通。从第二天开始，内联陞就建立了这么个专门账本，起名《履中备载》，翻译成现在的话呢，就叫"鞋类商品顾客档案"。这《履中备载》的好处可大了，拣主要的，有这么三条：一是省了跑腿，店家少挨累，顾客也省时间，这叫"双赢"。二是留住了顾客。你想啊，我在内联陞的账本上有一号，多有面子啊，就跟现在商场会员卡似的，贵宾哪。这第三嘛，就更有讲究了。那个时候到"内联陞"买靴鞋的顾客中不少是为了送礼的，巴结上司，送一双"内联陞"的鞋，

　　　　　　　　　　巧取字号"内联陞"

祝您官升三级，你高兴不算，以后我办事也更方便了，好，又一个"双赢"。我不用再说你也猜到了，自打《履中备载》一问世，"内联陞"的销售业绩就"噌噌"往上蹿。现在好多商家企业都搞"客户档案"，估计这都是跟着"内联陞"学起的。

「青蚨还钱」瑞蚨祥

在前门外的大栅栏里面，有一座看上去很洋气的商店，懂行的人说那是西方巴洛克式的建筑。这就是排名北京"八大祥"第一位的瑞蚨祥绸布店。瑞蚨祥买卖兴隆，可它为什么叫瑞蚨祥，好多人就不知道了。

要说这个名字的来历，还要先从瑞蚨祥的老板说起。

瑞蚨祥的老板姓孟，据说是孟子的后人。孟子那是有学问的人，他的后代虽然做买卖了，可字还是认得的，也有三两个读书的朋友。孟家在济南开布店的时候，生意就很兴旺。要到北京来开店了，这是大地方，店要起个好名字。孟老板就把他那几个识文断字的朋友请到家里来商量。几个人喝着酒，说来说去，最后都说就叫瑞蚨祥吧。

这个"蚨"字一般人看着眼生。其实过

《搜神记》这本书中就有这么一个故事

去成语里就有一个典故，叫"青蚨还钱"。在《搜神记》这本书中就有这么一个故事，说"蚨"是远古时候的一种神虫，一母一子相伴为生。每当孩子出门时，母亲就将自己的血抹在孩子身上，这样，不管孩子飞到哪里都能飞回家找到母亲。后来有人把"蚨"的血涂在铜钱上，用"母蚨"的血涂了八十一个铜钱，用"子蚨"的血涂了八十一个铜钱。这人拿着涂过"母蚨"血的铜钱到街市去买东西时，把涂过"子蚨"血的铜钱放在家中，等他买了东西回到家时，那些被他花出去的涂过"母蚨"血的铜钱已经飞回家来了。当他拿着涂过"子蚨"血的铜钱去买东西，把涂过"母蚨"血的铜钱放在家中时，那些涂过"子蚨"血的铜钱也会飞回家来落在涂过"母蚨"血的铜钱上。于是这个人的钱总也花不完了。

孟老板一听，说这个名字好，就叫瑞蚨祥了。瑞蚨祥开业后，果然是生意兴隆，财源滚滚。

"青蚨还钱"瑞蚨祥

黑猴儿帽店

从前，前门外鲜鱼口内有两家黑猴儿毡帽店，在它们店前各摆着一个三尺来高的方凳，上面坐着个用楠木雕的，外涂大漆、火眼金睛的黑猴，黑猴双手捧着一个金元宝。这就是闻名全城的黑猴儿帽店。

两家毡帽店的本名并不叫黑猴儿。因为那个年代在北京开小买卖的人很多，一两间门面的小店比比皆是，在出名之前，人们也记不清哪家店是什么时候有的。

最早的黑猴儿帽店，据说在明末清初的时候就有了。从山西来的有个叫杨小泉的人，在鲜鱼口开了个毡帽店。他不仅有一套制作毡帽的精湛技艺，还有个养猴子的爱好。他养的猴儿很通人性，火眼金睛，浑身黑油油的，十分惹人喜爱。杨小泉将黑猴打理得十分干净，让它在店内出入迎接客人。忙的时候，杨小泉只要对黑猴喊一声："去，把门打开。"黑猴便乖乖地走到店门口，拉开店门，等客人进门后它才离开。来帽店的人都感到吃惊。

杨小泉买卖做得好，猴儿也养出了名。无论同行还是顾客，都把他这个毡帽店叫黑猴儿毡帽店。后来杨小泉和黑猴儿相继死去，他的后人为了纪念他和那只黑猴儿，也为了招徕生意，便请来木工，仿照黑猴儿的模样雕刻了一只楠木猴儿，外涂黑漆，双手捧一只金元宝，摆放在店铺门前。

还有人说，是在明朝嘉靖年间，北京西山有一位打猎的，箭法特别好。有一年冬天他的老母亲病了，可是大雪封山，根本出不去门，为了给老母亲看病，他带好了弓箭和干粮，一个人只身进了山。大雪下得白茫茫一片，连个猎物的影子也没有。他走了大半天，又累又饿，刚想找个地方休息一下，就看见前边远处有个黑油油的东西，他不管三七二十一张弓搭箭，一箭就把那个猎物给射倒了。

走过去一看，那猎人心里禁不住一阵欣喜。原来他射到的是一只黑猴儿。再看这黑猴儿跟其他猴子大不一样，浑身黑亮，火眼金睛。背回家经老猎户们一看，证明是一只珍贵的黑猴。猎人把这只黑猴的皮剥下之后，卖了笔好价钱，看好了母亲的病，还在前门大街鲜鱼口开了家黑猴儿毡帽店。

到了清朝，一个叫田老泉的人，在杨小泉黑猴儿毡帽店的旁边，也开了一家毡帽店，也在门前摆上了一只雕刻的楠木黑

黑猴儿毡帽店

猴儿，这样一东一西的两个店，两只黑猴儿一模一样。人们就把他这里叫田老泉黑猴儿毡帽店。为此，两家黑猴儿展开了长达几十年的商战。由于田老泉善于经营，渐渐地压倒了杨小泉的黑猴儿毡帽店。后来人们再说起黑猴儿毡帽店，都搞不清自己说的是哪一家黑猴儿了。

有钱买前门楼子去！

有钱买前门楼子去！

这是老北京讽刺人自吹有钱或显摆有钱时常说的一句话。但是在历史上，前门楼子还真被卖过好几次。最有名的要算是亿兆买前门楼子，还有说是长春堂买前门楼子的。很多人并不清楚，其实最早亿兆就是长春堂开的买卖。在长春堂和亿兆之前，还有过一个买卖前门楼子的事。

那是在乾隆爷当朝的时候。乾隆爷有一个御弟，名字不知道了，人都称他二爷。这位二爷花钱大手大脚，毫不吝惜，没钱了就到处去要。因为深得皇太后的宠爱，乾隆对他也没有办法。这天，这位二爷想嫖赌又没银两了，便去朝乾隆爷要。乾隆爷说："冲你这样，就是把整个大清国给你也不够你祸害的。"二爷说："那倒也不是，我要是有前门楼子那么一大块银子就花不完了。"乾隆爷一生气，便说："那就把前门楼子赐给你了，从今往后再也不许跟我要银子。"二爷也知道乾隆爷说的是气话，但他这下可算是拿到"圣旨"了。回去他就写了一个"招贴"，卖前门楼子。

大清国有钱的人不少，有心买前门楼子的人也有，可谁真要把前门楼子买自己家去了，那非让乾隆爷判一个窃国谋反不可，不光拿不到前门楼子，还要掉脑袋。所以也没人真敢掏钱来买。前门楼子虽然没有卖出去，但乾隆爷的这位御弟仗着乾隆爷这句随口一说的话，扎了不少人的银子，再也不愁花销了。

开在前门大街路东的亿兆百货店，是京城里第一家专门经营日用百货品的店铺。亿兆的东家聘了两个人当掌柜，这两个人都很有本事。一个跟银号的关系非常好，可以随时向银号赊银两钱票的；另一个跟全国各地的生产厂家关系好，进货的地方多。亿兆不愁周转资金又不愁货源，又处在京城的中心，很快就发了起来。不久，它在大蒋家胡同开了第一分店，在东晓市开了第二分店，在前门大街路西的街面上开了第三分店。在日本、天津、青岛、上海都设了办事处，负责从当地进货。亿兆聘用的店员号称有上千人，在当时只有一百万人口的北京城里头，那绝对是第一大的商家。

北洋军阀占领北平后，听说全城最大的商号是亿兆，就把亿兆的老板叫了去，说："我的军队保护你们商号，你们得出点儿军费！"亿兆老板心说，我又没请你们来，你们凭什么要军费？可他嘴上不敢这么说，乖乖地问："大帅让我们捐多少？"那军阀说："一万万是一亿，一万亿是一兆，你们叫亿兆，可见你们的钱海了去了，就出一百万现大洋吧！"亿兆老板傻了，忙赔笑说："大帅取笑，我们取店名只是求吉利，哪儿真有那么多钱？"那军阀说："那就出五十万。你交完钱，前门楼子就是你们的了。"

就算那亿兆有钱，可店里也不可能一下子拿出那么多现金来啊。那老板一再央求，军阀才松了口，同意亿兆用货抵钱。说："那好，现金你能拿出多少是多少，剩下不够的我让人去你们仓库拉货，用货凑够五十万的数。明天就去人拉。"第二天，军阀先拿了钱再拉货，大车在亿兆的仓库门前排起了长龙，整拉了一天一夜，直到把亿兆仓库拉空了才罢休。

这件事过去没几天，正赶上正月十五元宵节，不知是谁说亿兆要放焰火，很多人闻讯来看，越聚越多，把街边的铁栏杆都给挤坏了。亿兆老板忙去前门警署请警察来帮忙。署长说："人太多了，没法驱散，你们就放点儿花吧。"亿兆老板说："那么多人，我想放花还怕把人给伤了呢。"署长说："那谁不是把前门楼子卖给你们了吗，没地方放就上前门楼子上放去吧。"亿兆老板没辙了，只好让伙计买了焰火到前门楼子上去放。

这下，北京城里就传开了，说亿兆真把前门楼子给买了，不然他们干吗到那上面去放花呢，不就是要让别人知道他们有钱吗？

鼻烟铺来了谭老板

闻鼻烟，当年很流行。很多唱戏的角儿，都喜欢闻鼻烟。前门大街周边有很多家戏园子，前门大街上也有多家出售鼻烟的铺子。这其中，最有名的一家鼻烟铺当属天蕙斋。天蕙斋在前门外大栅栏街路南。当年人们都说，你要找哪个唱戏的找不到，就到天蕙斋去找，准在。

天蕙斋不仅是个鼻烟铺，也是名伶们传授技艺、相互联络的场所。这些人挣钱比一般老百姓都多，也是有钱人，天蕙斋的鼻烟生意自然就好过别家。

天蕙斋能有这样的地位，据说跟谭老板亲自到天蕙斋来买鼻烟有很大关系。

谭老板自然就是谭鑫培，同光十三绝中最响当当的人物。提起京剧，别人可以不提，但不能不提谭老板。中国第一部电影拍的就是谭老板演的《定军山》。当年第一次放这部片子的地方就在大栅栏里的大观楼电影院。那地方距离天蕙斋鼻烟铺很近。

谭老板到天蕙斋鼻烟铺来那天，天快黑了。正是街上人多的时候，要开戏的戏园子也正在上人。这时，一辆高级轿车开进大栅栏，停在了天蕙斋鼻烟铺门前。天蕙斋鼻烟铺的掌柜正在窗户里往外看街上的人，轿车上的人刚打开车门往下走，掌柜一眼就认出来。这是谭老板！忙不迭地跑出店门来迎接。

"谭老板！您赏光啦！"

因为轿车开过来，都在那里观望的人们，听到谭老板这称呼，再一看，真是谭老板谭鑫培，都大声地喊起来。

"谭老板！谭老板在这儿！"

闻声而来的人，一时把天蕙斋围了个水泄不通。

谭鑫培在天蕙斋里面并没多耽搁。他取出随身的鼻烟壶，让掌柜装了壶鼻烟，问了几句买卖怎么样，就出店上车走了。

这件事被很多人在街头巷尾当作话题说了好久。

后来，有人觉得这事有些蹊跷。

谭老板那年头已经不怎么出门到公共场合，装壶鼻烟也用不着自己亲自来跑一趟啊。好奇的人们，就到店里找天蕙斋的掌柜去问。做买卖得诚实，顾客有了问题，店里要不给说明白了，没准就会影响往后的生意。人们要谭老板来鼻烟铺的真实原因，鼻烟铺的掌柜自己心里也不清楚，只好四处托人问缘由。

想方设法，转了一大圈，掌柜这才弄明白谭老板亲自登门买鼻烟的原因。

　　原来，前些日子谭老板曾叫随从的人到天蕙斋买鼻烟。掌柜跟来人聊天时说眼下好些人都改抽烟卷，鼻烟的买卖不如以往，不大好做了。于是，谭老板有意选在人们都能看到他的时候，到天蕙斋来了一趟。

　　人们说，这是谭老板看在天蕙斋和梨园行的情分上，来帮天蕙斋的。

　　果然，北京城里传遍了谭鑫培亲自到天蕙斋买鼻烟的事。一时间，想碰运气看看谭老板的、想打听谭先生消息的人络绎不绝。那些想改抽烟卷的，一看谭老板还在吸鼻烟，也改回了鼻烟。

　　梨园界中谁不敬慕谭先生，台上学他台下也学他，于是闻鼻烟的也多起来，天蕙斋的买卖也就又红火起来了。

长春堂的避瘟散

长春堂药店早年间是在前门外鲜鱼口，门面不大，说起来也就算是家小药铺。但当年，长春堂药店在京城里可是很有名的一家药铺。

人们知道长春堂并不是因为药铺的大小，是因为长春堂这家药铺卖的避瘟散非常有名。当年有一首顺口溜："三伏天儿，您别慌，快买闻药长春堂。抹进鼻子通肺腑，消暑祛火保安康。"说的就是长春堂的闻药——避瘟散。

开长春堂的老板姓孙，是位娶了老婆之后又出家的道士，人称孙老道。道家炼丹，是有传统的。制药业常有"神品"出世。孙老道接手长春堂时，日本人做的祛暑药仁丹在中国很畅销。北京城里到处都是仁丹的广告牌子，画着一个穿礼服、戴黑帽、留着两

白送给百姓不要钱

撇小胡子的东洋人。孙老道看到日本人铺天盖地的广告，心里很不痛快。我们这么大的一个国家，竟然没有自己产的祛暑灵丹，反倒叫人家日本从中国把大把的银钱赚走，这叫什么事？孙家是世传的家学，孙老道对中药颇有研究。他经过反复配制、试验，最后终于用檀香、玫瑰花、朱砂粉等中药制出了可以内服，也可以从鼻子吸闻的粉末状的中药，起名叫避瘟散。

避瘟散一上市就大受欢迎，长春堂的生意一下子火了起来。到孙道士的内侄张子余接手长春堂后，避瘟散的生意做得更大了。

张子余也是个老道。为了让人们都知道长春堂的避瘟散，张子余换上道士袍，坐在八抬大轿里，雇一帮乐手在轿前边"乌啦哇啦"吹奏，他本人一路散发避瘟散，白送给百姓不要钱。这下，京城的老百姓只认避瘟散，不吃仁丹了。

长春堂的避瘟散

日本人急眼了。北平刚沦陷，日本宪兵队就把张子余给绑了去。张子余说："我没犯法啊。"日本宪兵队说："你不是有钱吗？你拿钱把前门楼子买了就放你出去。"明知日本宪兵是在敲诈勒索，可那个年头没地方讲理去，长春堂只好拿出二百两黄金，当作"买"前门楼子的钱交给日本宪兵队，这才把张子余赎出来。

长春堂避瘟散出了名，药铺的买卖越做越大，还开了棺材铺、饭馆和油盐店。后来大名鼎鼎的亿兆百货商店也是它家开的。

杨大人题名便宜坊

先有便宜坊，再有全聚德，这北京人都知道的。便宜坊烤出来的是焖炉鸭子，比全聚德挂炉烤的鸭子早了一个朝代，好几百年呢。据说挂在便宜坊店里的那块牌匾，就是明朝一个姓杨的大人写的。

这位姓杨的大臣是个大忠臣，官居兵部员外郎，在朝上也算是个大官了。可那会儿正是明朝嘉靖年间，大奸臣严嵩把持朝政，你多大的官，平常上朝也没有说话的份儿。这天，杨大人实在憋不住，当朝向皇上参了严嵩一本，可人家严嵩当官当到那份儿上，自是能说会道、能言善辩的。严嵩跟皇上一辩解，杨大人不光没参成严嵩，还被皇上训斥了一顿。杨大人心里憋屈，下朝来想找个地方散散心。他在街上走着，忽闻一阵香味飘过来，循着香味过去，看到了一家小店，便推门走了进去。

　　这家小店里面不大，桌椅板凳什么的看上去很干净，环境也很雅致。杨大人找了张桌子坐下，问伙计店里那香气十足的饭菜是哪一道，伙计说是店里自己烤的焖炉鸭子，杨大人点了烤鸭，要了一壶酒，自斟自饮。吃饭的客人里有人见过杨大人，认得他，便让伙计把店主叫过来，跟店主说了，店主一听，忙到杨大人桌旁，亲自给杨大人斟酒。杨大人正愁没人说话，就和店主聊了起来，听店主说这店还没有名字，便索要笔墨纸砚，说要给店里题个名。

　　小店里没备着这东西，店主忙叫伙计去找。等笔墨纸砚一到，杨大人大笔一挥，写下"便宜坊"三个大字。店主赶快叫人去制成匾在店里挂了起来。

　　杨大人吃过烤鸭，心情大悦，身上更增加了和严嵩斗一斗的豪气。几天后上殿时，他又参了严嵩一本。当然，奏本还是被皇上驳回了，心里苦闷的杨大人又到"便宜坊"来消愁解忧。以后，每次参严嵩不成，杨大人就到"便宜坊"来吃上一顿烤鸭子。后来，他不光自己来，也带那些和他走得近的大臣们同他一起来。一来二去的，知道"便宜坊"的人越来越多，"便宜坊"在京城里的名号也就越来越响了。

美味佳肴的典故

月盛斋的老汤

月盛斋牛羊肉店里有锅老汤，是个北京人都知道。据说，月盛斋的那锅老汤在乾隆年间就有了。

乾隆四十年，回族斋月节的时候，一个姓马的回族人从一个姓金的旗人手中租下了三间筒子房，开店经营生熟羊肉。这家店铺就在前门箭楼西月形墙的路南，马家人把店取名"月盛斋"，寓月月兴盛之意。每天，月盛斋的羊肉一出锅，浓香四溢，周围官民衙吏争相购买，生意十分兴盛。

在酱肉里勾兑老汤，是月盛斋独创的。月盛斋在每次煮肉后，都要留下一部分浓肉汤，放在青花瓷缸里，沉淀后撇去浮油，存放起来，等下次煮肉时兑进去。这样日复一日，年复一年，一锅兑一锅的，就成老汤了。用勾兑老汤煮出的酱肉，味道要比新汤煮出

月盛斋的老汤

的肉香浓，味重，回味绵长。

月盛斋的这锅老汤究竟传了多少年了，众说纷纭。有人说是乾隆年间开业时就有了。也有人说在肉里加老汤是嘉庆年间才有的。还有人说，八国联军打北京的时候，月盛斋的店铺也被砸了，那锅老汤也被毁了，后来再用的都不是老汤了。

月盛斋里还有没有老汤呢？肯定有。据说，月盛斋酱烧牛羊肉的家传秘方是由二十多种中草药配制出来的。这二十多味药里面有肉蔻、紫蔻、红蔻、豆蔻、草蔻，还有砂仁、草果、甘草、丁香、陈皮、沙姜、白芷、香叶等等。这药经过研磨，按比例配制，加在酱肉的锅中。肉在锅中按各部位、老嫩程度分上中下三层码放。水烧开，旺火煮制一小时；翻锅后，再旺火煮一小时。煮的过程中需要经常倒锅，以便使软硬肉受热均匀；还要经常看锅，保证锅里的汤小开，普遍开花冒小泡。一锅肉要煮制六个小时才能出锅。这样一锅肉煮出来的汤本身就味道十足。如果再把它放入第二锅肉里煮几个小时，再放入第三锅肉里煮几个小时，这样的汤肯定就成老汤了。这锅汤就算是从1900年之后才开始熬的，算算多少年过去了，那味道也足够了。

什么时候你到月盛斋去买酱肉时说："给我来点老汤。"月盛斋的服务员都会给你。店里不备装老汤的家伙，您得自备。你说要汤，服务员会从柜台里伸手跟你要家伙。你要带个碗，服务员肯定二话不说就用勺子给你盛。你要是端个盆去，那服务员肯定用勺子砸你脑袋。

会仙居的炒肝——神仙喝

人们现在吃炒肝都认天兴居，其实，在天兴居之前卖炒肝的还有一家，叫会仙居，那才是北京城卖炒肝的"祖宗"。

会仙居在卖炒肝之前也是家小店，也不卖炒肝，而是卖"折箩"。什么叫"折箩"？这个老北京人都知道。"折箩"就是把上一顿吃剩的饭菜再热一遍端上桌来吃，这吃的东西就叫作"折箩"。"折箩"饭很好吃，以前很多北京人都爱吃。当然那说的是吃自家的"折箩"。会仙居是饭馆，它卖的"折箩"当然不是自家剩的，也不是做给自家人吃的，它的"折箩"是从附近酒楼饭庄收集来的剩饭、剩菜，经过加工后再出售给那些没钱的穷人吃。一家卖"折箩"的饭馆居然起名叫会仙居，这里面就有故事了。

会仙居的前身是个鞋铺。一个姓刘的人

把鞋铺接过来，改成卖黄酒的铺子，捎带着卖"折箩"。他家做"折箩"的剩饭、剩菜都是从前门这边的大馆子里收来的，里面有不少有钱的客人吃剩下的山珍海味，荤头大，加工出来味道比一般人家自己做的饭菜还好吃。那些干力气活又挣不到几文钱的人，都喜欢到他家来吃"折箩"。花钱不多，可以吃上一大碗，还倍儿香。饭馆做"折箩"的买卖，也算是给没什么钱又要出力干活的穷人做了件善事。

这天，有个白胡子老头进了这家"折箩"店，他身穿一件灰布长袍，脸庞消瘦，两眼低垂，并不正眼注视人。白胡子老头坐下，要了两碗"折箩"。这种小店接待的穷人多，就怕吃饭溜号不付钱的，都是先交钱再吃饭。"折箩"上了桌，老头一摸兜，却没摸出钱来。这要是年轻人，刘掌柜可能会叨叨两句，但见老头岁数大了，也没给老头白眼儿，摆了个笑脸，对老人说："您老这么大岁数了，就是白吃我两碗也没关系的。"老人看刘掌柜这么说，也没说什么，埋头就吃。刘掌柜忙着张罗客人，也没多注意这老头。等他手上空时，再扭头去看老头，只见桌子上摆着两只吃干净"折箩"的空碗，老头不知什么时候已经不见了。

刘掌柜也没把这当回事。但老头走后，奇怪的事就发生了。以前每天天擦黑的时候，刘掌柜锅里的"折箩"也就卖得差不多，基本见底了。可这一天，他这锅里的"折箩"怎么盛，一碗接一碗地卖，锅里也没见底。一天下来，只见收钱，锅里的

"折箩"可一点儿也没见少，反倒多得看着要往外溢出来似的。

刘掌柜虽然赚了钱，可这心里不踏实，这么奇怪的事，怎么也想不明白，禁不住这嘴里就叨叨出来了。"我说这事奇了个怪了！"客人们听见了，都问他怎么回事。听刘掌柜这么一说，在店里看见刘掌柜给老人盛"折箩"的客人都说："刘掌柜，你心眼好，刚才来吃饭的准是个神仙，他保佑你发财呢。"这事一下就传开了。

神仙都来吃刘掌柜店里的"折箩"。这下，来这儿吃"折箩"的人越来越多，刘掌柜干脆就给自己的小店起了个名字，叫"会仙居"。

来"会仙居"吃饭的人，也想有机会会神仙。来会神仙，不能老是吃"折箩"啊，刘掌柜店里开始做一些杂碎汤之类的吃食，传到他儿子那辈的时候，才改做炒肝。

"会仙居"改卖炒肝后，生意更好了。"会仙居"的掌柜会做买卖，店里用的家伙也挺招人喜欢，他们特制了一种喇叭嘴形的小碗，这种小碗口大底小，看上去里面东西很多，实际上装得并不多。客人用这种碗喝起炒肝来很方便，会喝的人不用勺也不用使筷子，嘴绕着碗边走一圈，一碗炒肝就全进了肚子。"会仙居"的炒肝不光北京人爱喝，外地人到北京来了，也都过来要一碗尝尝鲜儿。

"会仙居"每天早晨锅一热，客人就不断，店里的桌子都坐满了。后来的吃主找不到板凳坐，就只好端碗炒肝随便找个地方一站便喝。蹲在地上喝的人也不少。"会仙居"离前门那里的几家戏园子都近，每天晚上一散戏，都会来一帮人喝炒肝，华乐戏院和广和戏院里面唱戏的角儿，好多也是"会仙居"的常客，不少戏迷就赶半夜这个点儿来会仙居，指望能亲眼见见这些角儿的真容。就这样，"会仙居"的生意总是从早到晚不收桌。人们都说，冲"会仙居"这架势，早晚还能真的再遇到一次神仙。

会仙居的炒肝，天兴居吃

会仙居的炒肝在北京城里独一家好多年，可后来北京城里找不到会仙居了，人们再吃炒肝都去天兴居。老人说，天兴居就是会仙居，这是怎么回事呢？

天兴居的确比会仙居开得晚。会仙居生意大火的时候，在会仙居的斜对面原来开着一家刻字店。刻字店有天着了一把火，店给烧了。过火之后，刻字店的老板觉得生意火不起来了，干脆关门不干了。他关门不久，就有两个人把店面给接过来了。接店的两个人是谁呢？还都有来头，一个人姓李，本是一家饭馆的掌灶师傅。另一个人姓王，原本在天桥卖大饼。这两个人原本不认识，都是从外地来北京找生计的，都看中了北京这地方做吃饭的买卖能赚钱。两个人是怎么认识又熟络起来的就不说了，只是从两个人看中会仙居对面的铺面，合伙把铺面租过来，也开了一家炒肝店这点，就可以知道这两个人不只是手底下干活利落，还都是会用脑子的。

二人给这家店起的名字叫天兴居。你是会仙，等着神仙来赏光才成。我是天兴，聚天意兴财运。这明摆着叫板，就是要从会仙居手里抢生意。但刚开始的时候，新开张的天兴居还就是干不过会仙居。那个年头，两家挨着开，都做一样买卖的店你好我也好的时候不多。是买卖都比着干，我的买卖好，你的就不成。你的买卖火了，我的就砸了。但一个饭馆掌灶的和一个天桥卖大饼的，敢到卖炒肝的第一家店会仙居跟前来开店卖炒肝，肯定是心里早打定了他们的生意经。

买卖比不过会仙居，天兴居也没关门，一直挺着等待机会。别说，这机会还终于被他们等来了。

过了一阵子，掌管会仙居的老一辈人去世了，店铺传到了第三代身上。这一代的会仙居人多力强，有兄弟五个人，可做生意不一定是人多为胜。会仙居这哥儿五个本来就不如长辈能干，相互之间又不大信任，心不往一处想，说好五个人按月轮流当掌柜，这个月谁当掌柜这月赚的钱就归谁，等到下月转手到下一人时，上个月掌柜的要给下个月接柜的准备一天用的原材料，免得凉了灶，使接手的人顺利倒手。可时间一长，哥儿几个都想赚钱，就把这个约定丢到脑后去了。到月该换人的时候，卷了钱就走，什么都不给留。下任掌柜接班时，店里什么都缺，连门板都下不了。掌柜这样不着调，店里的伙计们干活也跟着糊弄，肠子也不好好洗了，出锅的炒肝都带着一股腥臭味儿。

天兴居的两位掌柜觉得抢生意的机会来了。店里的肠子有专人清洗，先去肠头肠尾，把粪便去了把油留下，这样洗好入锅的肠子既没有臊味又很肥，吃到嘴里既有咬劲又很滑口。炒肝用的淀粉用蘑菇泡出来的水来调，成本虽然高了点，但出锅勾芡时味道更好。

人们对味道的喜好千差万别，你要真说两家炒肝的味道哪家真的比哪家高出多少来，还真不好说。这时候，就要看经营的手段了。天兴居和会仙居争来争去的那个年头，北京城里开买卖也都在做改革。

李掌柜提议在店里设雅座，让吃炒肝的客人也有到大饭庄吃饭的派头。

王掌柜立即赞同，他觉得店里的伙计也要跟着变："咱们跟大饭庄那样干，咱们也请女招待。专门伺候进雅座的客人。"

那年头，京城的大饭庄、小饭馆，招呼客人的都叫跑堂的，大都是男的。闹过八国联军后，京城里外国人多了，国人出去游学观光的也多了。很多西方的风俗习惯也在京城流行起来，很多有钱人开始办西式婚礼，一些大饭庄和交际场所等，也开始使用女招待。话剧《茶馆》里，那么老实本分的王掌柜都想使用女招待来为喝茶的客人服务了。天兴居的两位掌柜想到用女招待，是摸到了社会发展的潮流。能成功的商人大都是赶上了潮流的。

会仙居的炒肝，天兴居吃

会仙居换作天兴居

接着，天兴居里又装上了电话。那个年头，北京城里装电话的地方可不多。来吃个炒肝还能打电话，这样一来，原来会仙居的老主顾都转到天兴居来了。那些原本冲着会仙居的名头过来的新客人，一看天兴居这样的派头，也都扭头进了天兴居。渐渐地，城里人们就有了这么句话，叫：会仙居的炒肝天兴居里吃。当时天兴居的名气还是没有会仙居大，但人们都知道，吃炒肝天兴居更时髦了。

这样过了没多久，会仙居这家北京炒肝的创始店终于支撑不下去了。

会仙居把店同天兴居合在一起的时候，天兴居做店门口的那块匾时，会仙居的字号也做上，两个字号在同一块匾上。又过了些日子，人们都知道天兴居，没人再找会仙居了，天兴居就把会仙居这边几个字从匾牌上抹掉了，京城里也就再也找不到会仙居这家字号了。

会仙居的炒肝，天兴居吃

便宜坊原是盒子铺

你要上前门大街去找"盒子铺"，循着店面上的牌匾找是找不着的。不是没有，那是因为你不是北京人。跟北京城里的老人一提"盒子铺"，人们就知道那说的是便宜坊。

便宜坊做焖炉烤鸭子出了名，生意越来越兴旺，但这也就招来了很多家跟着学。那些跟着便宜坊学的饭馆不只跟着也都做烤鸭，这些人还出更高的工钱，从便宜坊里挖人。便宜坊里面几个手艺好的伙计，也被那些要开饭馆赚钱的老板们拉出去自立门户。

如今街面上净是跟着全聚德学的挂炉烤鸭，但明清朝那会儿，还是焖炉烤鸭霸市。特别是快到清朝末年的时候，朝廷无能，市面无序，怎么乱来都没人管束了，好多人觉得便宜坊的牌子响亮，认的人多，都贴便宜坊的牌子开店。于是，北京城里冒出来很多卖焖炉烤鸭的"便宜坊"。

那年头，北京城里的米市胡同、东四牌楼、新街口、地安门，这些稍微热闹一些的街市，是个地方就有挂着"便宜坊"三个字开饭馆的，一数一大串。好些饭馆本来有自己的字号，原来店面招牌上没有"坊"字，也都有意加上个"坊"字，在菜单上加上烤鸭。像什么仁和庄，改叫仁和坊。阳和饭庄，改阳和坊。春明小馆，改叫春明小坊。清代末年到民国初年那时候，京城的报业也有很多家了，有的报纸就统计过，粗略一算，套用"便宜坊"或加了"坊"字作字号卖焖炉烤鸭的馆子，北京城里一共出了三十多家。这么乱，不摸门道的人要找到真正的便宜坊，那可是不容易的事。

市面不能总是这么乱啊，总得有人想办法"出圈"不是吗？

其实到清朝的咸丰年间，就有良心商家站出来了。当时，一个原本是做古玩的商人，看中焖炉烤鸭的发展势头，就找到最早开的那家老便宜坊，两家合股，在前门外鲜鱼口里新开了一家便宜坊。因为是新开的店，怕客人们以为又是一家蹭便宜坊之名的店，也为了与别家冒用便宜坊的区分，就改了中间一个字，将"宜"变为"意"，起名叫"便意坊"。

这家"便意坊"店里用的就是老便宜坊的主厨，店铺又是在人来人往的前门大街上，地角好，店面敞亮，老板也会经营，一开张，生意就比别家的好。很多当官的、做买卖的，包括好

送盒子菜的伙计

多前门大街上开店的人家，都成了"便意坊"的主顾。

老年间，北京城里没有外卖快递这个行当，但好多馆子都有送菜上门的服务。按时按点，精准到位。那些送饭菜上门的店家，都用每家饭庄自备的食盒。那些食盒各具特色，标志明显，比现在的外卖快递要讲究得多。

因为烤鸭香、菜品全、口碑好，要求送菜上门的客人很多，"便意坊"店里的伙计每天提着食盒，把饭菜送到顾客家中。走到前门大街上的人们，常会看到提着"便意坊"食盒的伙计健步如飞。

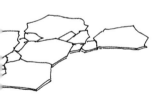

喜欢"便意坊"的人怕别的店家又来冒它的名，把它同别的店弄混了，干脆就管它叫"盒子铺"。

"盒子铺"开业后，生意就一直比其他烤鸭店都好，在北京城里的名气无人可比。后来，最早的那家老便宜坊关门了，鲜鱼口的店就正

　　　　　　　　　便宜坊原是盒子铺

式改叫"便宜坊"了。

再往后，别的这个坊那个坊觉得自己争不过鲜鱼口的便宜坊，也就都不再卖焖炉烤鸭了。鲜鱼口便宜坊的焖炉烤鸭，就成了京城里的独一份。

六必居的匾真真假假

六必居在前门粮食店街上，是家卖酱菜出名的店铺。

先说说怎么有的六必居，再说那块有些神神秘秘的匾。

传说六必居这个店原本是一家卖酒的小馆，但它不像粮食店街上的源升号。源升号是做二锅头的酒坊，那里卖酒也做酒。六必居它自己不做酒，是把别处趸来的酒加工之后，再卖给客人。这种再加工后的酒，比市面上那些酒坊自酿自卖的白酒，度数要高，酒味更醇厚，口感也更香一些。于是，六必居的生意很好。店老板为了保证酒的质量，给店里的伙计定下了六个"必须"：制酒的各种粮食原料必须备齐；下料必须如实地按配方进行；浸泡酒曲时必须洁净；制酒用的器皿必须是上品；操作过程中火候必须掌握好；

制酒必须采用上好的泉水。虽然后来"六必居"改卖酱菜了，但店名保留了下来。

这个传说的认同度不高。人们都知道，酒的利润比酱菜要高，卖酒比起卖酱菜来，赚的钱肯定要多得多。这个店的生意要真是那么好，干吗不继续卖酒挣钱而改卖不怎么挣钱的酱菜了呢？

六必居怎么来的，还有一个说法。说六必居本是由来自山西临汾的三个姓赵的商人合伙开的小店铺，卖柴米油盐酱醋。中国人有句俗话，说，柴米油盐酱醋茶，是开门七件事，日常生活必不可少。六必居除了不卖茶，其他六件都卖，故这三个商人将店铺取名"六必居"。山西商人在京经商者众多，而且开了很多大买卖。一家普通的油盐店最后发展成为制作高档酱菜，天下知名的大酱园，也不是不可能的。

另一个说法是这样的。说，六必居最初是由六个人出资合办的买卖，严嵩的丞相府里有个厨子，经常到六必居来买东西，这六个人为了弄点名气，好招揽远近的客人，就去请这个厨子帮忙，请当朝权臣严嵩为店里题写匾额。他们本来请严嵩题的是"六心居"三个字，意思是六个人一条心，一起干好买卖。严嵩答应下来，但在挥笔题写了"六心居"三个大字后，看着这几个字一细思量觉着不对劲儿，合伙的买卖得一心一意，劲往一处使才能财源茂盛，可这"六心"还怎么合作？琢磨了一会儿，他又提起笔来，在"心"上添了一笔，就成了"六必居"。

既然说"六必居"是明朝的宰相严嵩所题，但现在好多人进了六必居，却说店里挂着的那块匾并非严嵩真迹，是块假匾。

那严嵩题写的六必居的那块真匾到哪儿去了呢？

有人说那匾并没弄走，康熙年间六必居酱园着大火，把匾给烧了。后来挂着的那块匾是铺子里的学徒写的。

早年间，这酱园子、油盐店有种好习惯，那学徒全写得一手好字。为什么他们的字写得好？因为他们见天开菜单子练习的。店里上板关门后，掌柜的让学徒的练算盘，开菜单子，练习写字，这是多少年留下的老传统。于是，酱园、油盐店的徒弟大多能写一手好字。六必居有个学徒偏偏喜欢严嵩题的匾上的这仨字，因此，每天扫地的时候，他拿着笤帚一边扫地一边比画：六必居，六必居。晚上练字还是六必居。天天如此，月月如此，年年如此。

大火把匾给烧了，东家吓坏了。

"这是严相国写的，他要是知道咱们把他写的匾给烧了，那咱们还不要掉脑袋吗？"

那学徒说："照着那字再做一块不就成了吗？"

东家说："你脑子被火烧坏啦？要让严大人去重写，那不等于告诉他匾给烧了吗？"

学徒说："不用找严大人，我能写得和他一模一样，不信您看看。"

他把写好的字拿出来让东家一看，东家大喜，说："行啊，就照你写的重做一块。"

现在这匾就是照着学徒写的字做的。店里北墙上的六必居

　　　　　　　　　　　　　　六必居的匾真真假假

火中抢匾

三个字，也是从那匾上拓下来的。

　　还有一说，说是民国年间，六必居的隔壁失火，大火蔓延殃及六必居，店内的伙计们纷纷抢救财物及账簿，唯独一个老伙计，奋不顾身地冲进火海将牌匾抢了出来。店主为此重重奖励了老店员。您想，如果这要是一块假匾，老板还用得着花这份钱吗?

拿着窝头过月盛斋

月盛斋的两烧两酱很香，当时都是在前门大街上的门面店里现做。两烧两酱说的是它的烧羊肉和烧牛肉，还有酱羊肉和酱牛肉，特别是做烧肉的时候，满大街都香喷喷的，让人流口水。如今这风景、这味道，都没有了。

你说为什么流口水？因为那时候月盛斋的肉，也不是一般人能吃得起的。

前门大街那一带，当年有很多戏园子。戏园子里出过很多名角，拿的包银之多，是一般老百姓想象不到的。跟大多数人比，唱戏的都是富豪。一个唱戏的名角能养活一大帮子伺候他的随从。提起那些名角，什么武生泰斗、当代名伶、四大名旦，还有什么小四大名旦，真是名扬天下，哪个提起来不让人竖大拇指！听这些人的一场戏，当时怎么也得要一两袋白面的钱。

但这说的是要演出了名才成。都说英雄莫问出处，那些名角没出头之前，也有喝西北风的时候。

有个后来也被誉为武生泰斗的人，当年没出名之前，就因为月盛斋的肉香，迷上了月盛斋。

这位武生泰斗当年学戏的时候在中华戏校坐科。中华戏校在兴隆街，前门大街的东边。他住在前门大街的西边，他每天从家去戏校都要从月盛斋这边过。月盛斋做烧羊肉时，那股肉香打铺子里一股子一股子往外冒，勾得还没出科的武生泰斗的肚子咕咕直叫。

那时候，这位武生泰斗的家里穷，经常是吃了上顿没下顿，根本吃不起月盛斋，更没敢进过月盛斋的门。穷人更要脸，自知没钱买的地方，是从不进去的。武生泰斗只知道这家店铺里有香味，就是不知道是什么吃食。这香味勾得他每每都恨不得一头扎进月盛斋的店里，把脑袋埋在里面让自己香个够。

要不怎么说唱戏的人聪明呢。后来，他想了个辙，每次从家去戏校前，都从家里带上个棒子面窝头。先不吃，等快走到月盛斋的时候开始啃，离月盛斋越近，香味越浓，那窝头也下去得越快，等到了月盛斋门口，窝头吃完了，肚子也就不响了，浑身有劲地去学戏了。他那三年的坐科就是这么坚持下来的。

但就在他要出科的时候，这个习惯让他出事了。

月盛斋烧牛羊肉与酱牛羊肉在煮制上的区别是：烧牛羊肉

是宽汤，酱牛羊肉是扣汤。烧牛羊肉在加工过程中讲究的是：选料肥瘦俱备、配方色味俱佳、制作酱烧俱全。其产品的特点是：外焦里嫩、香酥爽口、闻之不膻、食之不腻、咸淡适中、回味悠长。当年，月盛斋在前门大街上的门市部里，总是备着两个做烧羊肉的灶，一个烧煤球，一个烧硬煤渣子。每天上班前，负责做烧肉的师傅都要早到一会儿，把昨晚封上的火捅开，坐上那口二尺八的铁锅。下肉前，锅里先倒入适量的花生油，待油温达到要求时再加入一定比例的香油。烧羊肉的坯子顺着锅边往油里一放，顿时香气四溢。出了锅的羊肉，油光发亮。金黄色的烧羊肉码放在白色的大瓷盘中，直接上柜台。摆在柜台上的烧羊肉，香味更是漫长持久。

当时，中华戏校跟广和楼签了演出合同，戏校的老师和学生在那里演出。在戏校讲课的老师也都是名角，他们挑大梁，学生们跑龙套。这天，有出戏在广和楼开场，这位还没出科的武生泰斗在里面有个跑龙套的角色，要在台上翻跟斗，还有场从桌子上被主角用大刀砍下来的戏。虽然露不了脸，但演好了也能有掌声。

这位武生泰斗铆足了劲，从家里出来时因为着急，直接掀盖从锅里拿了两个窝头。他揣着窝头往月盛斋走。没想到，因为还没出锅，他拿的窝头蒸得有点欠火。肚子饿，先咬了一口，觉得黏糊糊的，这下心里更想月盛斋的肉香了。忙紧赶几步，好就着月盛斋烧羊肉的香味把这口难吃的窝头咽下去。可他走到月盛斋门口了，那股熟悉的香味却没有了！

原来，那天烧肉的师傅头天晚上封火的时候，炉子没封好。火灭了。这位武生泰斗走到月盛斋店门外的时候，炉火刚刚升起来，肉还没有下锅。

没有了月盛斋的肉香，武生泰斗的窝头也咽不下去了。窝窝头虽然不好吃，可也能解饿啊。武生泰斗没吃东西，憋着一口气就上台了。在舞台上演戏那是要卖力气的。刚开场的时候，他还能顶得住。但演到要出彩的时候，他那口气一下散了。他跳上桌子，接下来演主角的演员举起大刀把他从桌子上一刀砍下去。当然不是真砍，就是比画一下。演戏就是把假砍演成看着像是真的，而且也是这个时候舞台上最出彩，叫好声也最响。可这位武生泰斗跳上桌子时腿已经软了，那演主角的高举起大刀还没有砍，他腿一软，先自己掉下来了。主角演员被晾在那里，台下顿时响起一片喊倒好的声音。

摔倒没摔出什么来，这位后来的武生泰斗毕竟功夫练得扎实。只是当时连惊带吓，也觉得没脸见人，一下就晕在了舞台上，是被人抬下去的。

这件事让武生泰斗记了一辈子。

等出了科，挣钱了，他做的第一件事，就是到月盛斋痛痛快快地买了一大块烧羊肉，把那股馋劲给解了。

全聚德的『德』字少一横

　　人们都说吃饭看招牌，那是说的去以前没进去过的饭馆。不论谁，走到一家从未吃过的饭馆门前，总要先抬头看看门上挂的招牌，琢磨一下这家店值不值得自己进去花钱。可到全聚德去吃饭的人很少抬头看它的招牌。那全是因为全聚德的名气太大了。人们觉得到全聚德来吃饭是件很光彩的事，巴不得一口就把那香喷喷的鸭子吃到嘴里，谁还有工夫去看它的招牌，这种大店是不会骗人的。可你们知道吗，偏偏就是全聚德的招牌上出了事。

　　仔细看一下全聚德的招牌就会发现，"全聚德"三个字中，最后的那个"德"字写得少了一横。为什么"德"字会少一横呢？有人说是全聚德的掌柜在店铺做匾时，请了个秀才来写店名。那个秀才姓钱，很爱喝酒。

钱秀才书法好，但给人写字要价也高。他好喝两口酒但又不会喝，一喝就高。掌柜把秀才请过来，先请他吃饭喝酒，然后再写字。钱秀才写字的时候精神已经有些恍惚了，一不留心，就把"德"字少写了一横。他一写完，掌柜马上就让人把字给收了起来也没细看。钱秀才喝完酒也忘了写字这事儿，接过掌柜给的钱也没看多少，起身就走了。这时杨掌柜再拿出字来一看，才发现"德"字少了一横。没办法，只好将就着用吧。

这件事传来传去，后来有人觉得这么说显得掌柜不够厚道，于是就有人传出话来，说全聚德的"德"字所以少了一横，是因为掌柜创业时，一共雇了十三个伙计，加上自己是十四个人，为了让大家同心协力，就有意把牌匾上原本要用十五笔写成的"德"字少写了一笔，表示大家心上不能横一把刀。

正是因为少了这一把刀，全聚德的买卖越做越大了。

山楂糕和金糕张

北京人爱吃山楂糕，说那东西消食清火，但从不把山楂糕叫山楂糕，而是叫金糕。进鲜鱼口走不远，就是一座二层的转角楼。当年在这楼里有一家店叫泰兴楼，专做山楂糕。人们把山楂糕叫金糕，就是从它那儿叫起来的。

做山楂糕要在秋天山楂熟了的时候。把山楂用水洗一洗，放到锅里，加点白矾，用火煮烂了。做好的山楂糕红亮红亮的，看上去就透着喜兴，更别说吃到嘴里了，酸酸甜甜的，又爽口对人身体又有好处。卖山楂糕的都是把大块的山楂糕放在玻璃罩子里面，你要买了就用刀给你切下一块来，按分量给钱。

这东西一开始的时候都是老百姓爱吃。山楂那东西不值什么钱，做成山楂糕也没多贵。可是有一天，也不知怎么被慈禧知道了，说前门外有家店里的山楂糕特好吃，慈禧就跟太监们说："那给我也弄一块来尝尝。"

太监从宫里出来奔鲜鱼口，找到了泰兴楼。泰兴楼的人一听说是慈禧太后要吃山楂糕，吓得腿直哆嗦。你想，这老百姓吃的东西送到宫里去，谁知道招不招人待见啊。万一让慈禧太后说一声不好吃，弄不好还要掉脑袋呢。

太监看见柜台里的山楂糕就要往回拿。掌柜忙拦住，说："您等我今儿晚上好好地再做一锅，再给太后拿回去成不成？"太监说："那你可做得精心点。"这一晚上，泰兴楼的掌柜和伙计都没闲着，精心地又做了一锅上好的山楂糕，第二天给太监送进了宫里。

慈禧尝了山楂糕，连连叫好，说："这东西怪好吃的，看着也让人喜兴，干吗叫山楂糕这么一个名字，我看还是叫金糕吧。"于是泰兴楼的金糕就出了名。因为掌柜姓张，人们便把这家店叫成了金糕张。有人还特别送了块上面写着"泰兴楼金糕张"的匾，在那转角楼上挂了好多年。

王致和的臭豆腐

开买卖做生意的，很多人是家传。一代一代地靠吃这碗饭为生。好的买卖，特别是做吃食的，还讲究要有祖传的手艺才吃香。

做臭豆腐出名的王致和，没有家传，他本来是一门心思想要做官的。

那是清朝康熙年间，王致和同那些求取功名的举子们一般，从家乡出来跨越千山万水奔赴京城，以求金榜题名，再衣锦还乡。可他没有这般好命，跟大多数前来科考的举子们一样落榜了。没有考中的举子，大都收拾收拾行装，回家为下一次科考做准备去了。王致和没有走。

那个年代，住在京城外的人来一次北京并不容易。王致和家在安徽，往返一趟除了要受车船颠簸之苦，路上还不安全。王致和当时仍留存着参加下次科考的念头，觉得留在京城里读读书、交交朋友，对下一次参加科考可能会更好。于是便给家里去信，说不回家了，就在京城备考。他希望家里托人顺路给他送一些银两来，以供在京城生活、学习的花销。可家里托人带来的回信让他很失望。回信里只有一张纸，没有他渴望的银两。家里在给他的信上说，希望他回家，他要不回家，家里供不起他在京城的花销。他得自己想办法。王致和从信上的文字感觉，家里还是希望他回家的。可他已经打定主意不离开京城了。

王致和要留在京城准备下一次科考，那可是需要一大笔生活费的。家里让他自己想办法，想不出办法就回家。家里人可能觉得他一个到北京来参加科考的读书人，能有什么办法自己在京城生活？肯定是要回家的。可没想到，都说读书人的办法多，用到王致和身上还就对了。他没费什么周折，就想到挣钱养活自己的办法了。

这个办法就是做豆腐。

王致和小时候在家里跟父亲学过做豆腐，手艺还记着。他住到了前门外延寿寺街羊肉胡同的安徽会馆里，到小铺里买了一台小磨，他用这台小磨，磨豆子做豆腐，然后上街叫卖。

都说读书人做买卖有辱斯文，读书人到街上去卖东西，是很难张开嘴的。以前的传奇小说里有好多讲读书人不会讨生活，最后把自己饿死，或者饿晕在街上被富家小姐救助的故事。但传说中，王致和好像还没遇到过这种身份跨界的阻碍，也没出现过做买卖不习惯的事。他似乎一下子就上手成功了。或许他本身命里就不是读书中举的，就是要来做商贩的。科考不中，又留在京城，恰好给了他一展身手的机缘。

只是，普通的做豆腐并没有显示出王致和的与众不同之处。他一面如普通豆腐小贩那样，每天推着小磨做豆腐，然后在街上寻找顾客，一面在等待一个更大商机出现。

这天，王致和的豆腐做多了。那个年头家里没有冰箱，也没有防腐剂。冬天可以吃冻豆腐，夏天做的豆腐都是吃当天的，隔夜就馊了。王致和在这之前，从来都是当天做豆腐当天卖光。豆腐做多了的这次正好是夏天，他是小买卖，挣点钱不容易，没卖掉的豆腐一时没舍得扔。

会馆院子里，有口闲置的小缸在地上扣着。王致和把没卖了的几块豆腐控控水，干一下，切成更小的块，撒上盐和花椒，按照安徽那边做腐乳的法子，把豆腐给腌上。然后扣在缸里，想等腌两天，自己下饭吃。可没想到，这豆腐一被缸给扣起来，就给忘了。等王致和再想起这几块豆腐来的时候，已经忘了过了多少天了。

他掀起缸，刚开了一道缝子，一股臭气就直蹿出来，差点把他熏了个大跟头。再拿起豆腐一看，白豆腐都变成绿的啦。

持家立业的人，东西坏了也不会轻易扔掉。王致和先用筷子蘸了一点，放嘴里尝尝。没想到这个臭得熏倒人的东西，放到嘴里竟有种说不出来的香甜味道。有几个正在读书的人，被

　　　　　　　　　　　　　王致和的臭豆腐

臭味从会馆的屋里熏了出来。这些人开始远远地站着，捂着鼻子，指着王致和责骂。王致和说："你们先别骂我，都来尝尝这味道，保证是你们一辈子没吃过的美味。"读书人要么聪明，要么愚钝，这种时候留在会馆里读书备考的肯定不属于特别聪明的那一拨，反正都过来尝了王致和用筷子送到嘴边的发霉豆腐。这一尝，还全都大声叫好。王致和得到肯定，舍不得再自己把这些豆腐吃掉，转身拿到街上去叫卖了。

北京城里做豆腐、卖豆腐的人不少，但在王致和之前，还从没有人会把臭豆腐拿到街上来卖。

北京人没见过臭豆腐，更别说吃臭豆腐了。那时候，一般人家吃白面的时候少，吃玉米面的时候多。人们日常管玉米面叫棒子面。棒子面贴饼子是很多人家的日常餐食。没想到，这贴饼子就着臭豆腐吃，真是天下少有的美味。于是，王致和做的臭豆腐在北京城里就流行开了。

等到下一次科考时，已经把大部分心思都用在豆腐上的王致和自然还是没中。他索性就丢开奋斗仕途的念头，一心一意做豆腐、卖豆腐了。后来买卖做大了，他开了王致和南酱园，成为一位真正的商人了。

王致和南酱园里卖的品种很多，最有名的还是臭豆腐。

王致和老店的店面不大，四块门板就能把门封上。这四块门板上面有两副对子。一副是："致君美味传千里，和我天机养寸心。"再一副是："酱配龙蟠调芍药，园开鸡跖钟芙蓉。"只要把门板一挂上，就能看出两副对子的头一个字恰好组成了"致和酱园"。人们都说，王致和开门是一景，关门也是一景，说的就是这两副对子。据说这对子是清朝时一位姓孙的状元给写的。

王致和没走上仕途，但卖臭豆腐出了名，引得状元来给店铺的门板上写对子。好多人看了这对子后说，状元也来捧"臭"脚了。这或许也是说，在大众的眼中，做臭豆腐为老百姓提供美味的王致和的人生，比那些状元还要成功，还要让人羡慕。

炸酱面大碗的

在清朝时候，北京前门外，五牌楼旁边有家面馆，卖炸酱面、打卤面和素面，素面就是没有浇头的面。以前那些赶脚的、拉车的，身上没什么钱，饿了就来碗素面。有浇头的面，面馆才好赚钱。但这家面馆的东家做买卖虽然是为了赚钱，但也很体贴没钱的穷人。伙计们不愿意卖素面，东家一直坚持要卖，这样一来，面馆的生意虽然红火，但却不怎么赚钱。伙计们都对东家有些怨气。

话说这天，面馆早晨下板一开门，从门外走进来一个半大不小的男孩子。一看就是要饭的样子。但他走进门来并没开口要饭，而是一伸手从地上捡起一枚铜钱，一句话不说，蔫蔫地走了。打这天起，面馆里的伙计老能看到这个孩子。他走进面馆，在柜台外的地上捡起一枚铜钱就走。伙计们每天开门前店里都打扫得干干净净的，不可能有铜钱掉在地上。但伙计们天天看见这个男孩子到店里捡铜钱，也奇了怪了。后来就跟东家说了。

面馆东家也觉得这事蹊跷。这东家是个中年人，脑袋也好使。早晨店里开门的时候，他在店里用眼睛扫了一圈，见地面光溜溜的，就站在门口看着。不一会儿，这男孩子进门弯腰又捡起一枚铜钱。就在男孩子要往外走的时候，东家上前拦住小孩，和和气气地问他叫什么，打哪儿来。

男孩子说他叫王喜，父母早已离世，只有他一个人流落在街上要饭吃。东家看王喜样子很聪明，就对王喜说："你年纪轻轻的要饭，啥时是个头儿啊。我看你就留在我的店里吧，我给你找点事儿干，好吗？"王喜说："那我太谢谢您了！您有什么事就吩咐我去干。"东家让店里的伙计带王喜洗澡换衣服，对大伙说："王喜就跟你们住一块，你们一起吃饭，但什么活也别让他干。"这话说得奇怪，但东家交代的，伙计们也不好说什么。

但日子一长，面馆的伙计们就都嘀咕上了。说这东家不长眼，弄一个要饭的来，什么活儿也不让干，这白养着图什么呀？可东家呢，就是不给这男孩子分派活。前门大街上买卖多，一家接一家地开。生意好的是越做越大，也有生意不好几天就关门走人的。这面馆的生意也是时好时坏。

见东家发愁，伙计们就劝东家把面馆关了，改做更赚钱的

　　　　　　　　　　　　炸酱面大碗的

我就好这口炸酱面，我要不做了，你让北京城的人还上哪儿找这么好吃的炸酱面去

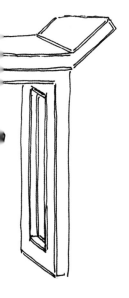

生意。东家说:"我就好这口炸酱面,我要不做了,你让北京城的人还上哪儿找这么好吃的炸酱面去?"伙计便把话说到王喜身上去了,说:"您倒是领个有钱人家的孩子啊。这养个要饭的孩子,不是赊等着让咱们面馆也要饭去吗?"东家说:"你们不懂。"伙计问怎么不懂。东家摆摆手,不说了。

这王喜在面馆转眼一年过去,眼看十六岁了。他跟东家说:"让我干点什么事吧。"东家说:"别急,还没到时候呢。"王喜说:"您要再不叫我干点啥,我就走了。"东家听他这么说,便说:"也好,店里生意不好,你去外面做趟买卖,给面馆找找财路。"王喜说:"我不会做买卖,生意的事我不懂。"东家说:"做买卖有赔有赚,赔了钱算我的。"他给王喜派了一个伙计跟着,跟伙计交代:"这孩子带你去哪儿,你别管,办什么货也全听他的。"

这伙计跟着王喜一路往南,到了苏州。这是江南富庶之地,但王喜带着伙计省吃俭用,吃饭、住店都是花钱越少越好,弄得伙计心里一通抱怨。他心说,这就是要饭的出身,享不了福啊。在苏州转悠了好几天,两

炸酱面大碗的

个人也没办上什么货。伙计看上眼的，王喜不是说不好，就是嫌贵。这天走到苏州河沿，看见许多卖大碗面的饭摊。王喜走过去一问，说是两个钱一大碗，觉得很便宜，便对随行的伙计说："咱们就要这个。"伙计很纳闷，说："咱们就是经营面馆的，从这里进的大碗面，到北京城里得坨成什么样了，给谁吃啊？"但王喜认定了。他对卖面的说："我要得多，你们能给我备上货吗？"卖面的人很奇怪，问他："这面您要多少，难不成还要用船运？"王喜说："我就要买五条船的面。你们这些卖面的一块儿给我凑，把五条船给我装满了。"卖面的问："那么多面，往哪儿装？"王喜说："好办，我们买坛子，把面往坛子里装，有一碗算一碗，装满了算。"卖面的都高兴死了，忙不迭地把一大碗一大碗煮熟的面装到坛子里，一坛坛地搬到船上。跟王喜去的伙计心中打鼓，可东家既然说了一路上干什么都听王喜的，心想，这是东家愿意拿钱糟蹋，等回了京城让他好看。

五船大碗面送到北京已经八月天了。船在通州靠了岸，东家亲自来接。王喜跟东家把买面的经过一说，东家听了满脸笑容，连说："很好，很好，有眼力，会做买卖。"跟王喜去的伙计听了这话，直翻白眼。可东家一副欢喜的样子，让王喜回去休息，雇人把装在坛子里的大碗面都从船上卸下来入库，静等买主。

面馆的伙计们都等着看东家的笑话。可没想到，这王喜用船运回来的大碗面入库不到一个月，前门大街背阴的"六必居"

酱菜园的甜面酱卖断了货。制新酱得发酵，时间来不及。"六必居"跑外的伙计听说面馆从苏州运回五船大碗面的事，忙过来打听。天热，那装在坛子里的熟面条早就发酵了，这让"六必居"欢喜得不成，忙如数把五船大碗面全买下来了。面馆东家这下赚了一大笔钱，让等着看笑话的人都惊掉了下巴。

转过年来进了二月，王喜跟东家说还要外出做买卖。东家还是跟上次一样，派了一个伙计跟着。这两人这回到了杭州。伙计问王喜："是不是还跟上次似的，找便宜东西买?"王喜说："是。"这伙计想，上次是瞎猫碰着死耗子，让你撞上了。这次看你还有什么幺蛾子。转了几天，没找到合适东西。这天，走过一个木器作坊，看见门口摆着许多大小木鱼。王喜上前一问价钱，说是五个铜钱一个，马上对伙计说："就这个了。"于是，跟木器作坊订了五船货。把木鱼装上船，顺着大运河，一路回到了通州。东家听说买回来的是和尚念经用的木鱼，没二话，照样说买得好。叫人把木鱼入了库，等待买主。

转眼到了四月份，慈禧太后要到妙峰山进香拜佛，所有僧道都要到妙峰山念经朝拜。这一来，大大小小店里的木鱼都卖光了。面馆的东家把五船的木鱼拿出来，又发了一笔大财。

王喜第三次出外办货，还是带着那个伙计，两人这次到了镇江。还是满街转悠找便宜东西，转了几天，突然看见一家扎彩铺。扎彩铺也叫冥衣铺，专门出售给死人用的"烧活"。这扎彩铺的门口摆着许多纸扎的"开路鬼"。王喜看着这里的"开

　　　　　　　　　　　　炸酱面大碗的

路鬼"做得又高又大，手里还拿着根狼牙棒，比北京城里的看着威猛。上前一问，才五个铜钱一个，便跟这家铺子说要买他家的"开路鬼"。店家问他要多少。他说："我租了十条船，你们把这十条船给我装满了就行。"

这"开路鬼"是架子糊活，不能压。王喜就叫船家在船上立起杆子，把"开路鬼"都立着绑在杆子上。十条船的"开路鬼"就这样浩浩荡荡地一路"站"到了北京城。

虽然王喜外出办的货一次比一次离奇，东家还是一点儿不见怪。跟上两次一样，高高兴兴地把"开路鬼"入了库，静等着买主。

但这次买主没等来，衙门先派人来传东家过去问话。原来八国联军又要进北京。上次一两千人就把清政府给拿下了，他们也没料到，又觉得不可能老是这么幸运。这次出兵之前，便先派几个人出使，到北京来打探消息。

这拨洋人在路上正碰见王喜这十条船上装得满满当当的"开路鬼"。洋人没见过这个，以为这是清政府准备跟他们开战用的天兵神将。他们以为清政府早有准备，就给清政府送了份礼单，断了再跟清政府开战的念头。皇帝一听说是面馆的伙计买的"开路鬼"给朝廷免了一场大灾，马上赏了面馆一大笔银子。

面馆伙计们这会儿都觉得，当初东家留下王喜是英明之举。但王喜这时却不辞而别了。他本来就来路不明，让人上哪儿找去？面馆东家也收了心，一心一意地经营面馆。有了那么多旁门左道积攒下的财富，东家在炸酱面上的手艺也突飞猛进。他跟伙计们说："这酱不炸不香，都知道要炸一下，可为什么每家面馆里拌面的酱都不一个味呢？那是因为炸酱的人历练的不同。见的事越多的人，炸酱的时候融进酱里的东西越多，那味道才会越地道。"伙计们都大声叫好，然后一想，不对啊！从来没见东家下厨炸过酱啊！

不管怎么说，这家面馆里的炸酱面用的碗越来越大，加的面码越来越多，味道也越来越好。京城里卖炸酱面的馆子都没这家在前门大街上的面馆生意好。

都说前门大街旺买卖，这话真没错。

妙趣天成的神迹

天坛益母草

都知道天坛公园里的古树很厉害，可你知道吗，天坛公园里还有一种草，也很厉害。它长出嫩芽的时候，可以当菜吃，叫"龙须菜"。这种草长大了，它的茎、叶子可以入药，用来治妇女病，这时候，它叫作"益母草"，用它熬出来的药叫"益母膏"。这种草的种子叫"茺蔚子"，也是用来医治妇科病的药材。说起来，这真是个宝。

天坛里怎么有这种益母草呢？

原来，天坛公园这块地方在没有建天坛之前，是一片人们用来耕地、种田、居住的田地，住着很多庄稼人。其中有一户姓张的庄户，男人死了，家里只剩下一个老太太带着一个女儿过日子。家里缺粮少钱，日子过得紧巴巴的。日子一久，老太太生了病。女儿给请了好多大夫来看，也吃了好多药，可就是不见效。眼看着一天比一天重，女儿很着急。这女儿已经十六七岁了，她记得小时候，爸爸给她讲故事，说京城西北有座山叫灵山，那山里面长着好多治病特别灵的药材，只要不怕爬山，找到这些灵药，什么重病都能治得好。

这个张姑娘决定到灵山去找灵药回来给妈妈治病。妈妈不放心她一个小姑娘去那么远的山里，张姑娘让母亲放心。"我会小心的。"她对母亲说，"我去找给妈妈治病的药，老天爷会保佑我的。"她托付隔壁的邻居大妈帮着照看一下母亲，就带上口袋、干粮，一路去灵山找药了。

走了三天，到了灵山山下，张姑娘发愁了。这山那么大，该从哪条道往山里走呢？这时，她看到一个白胡子老头从山上下来，便向老人家问询。老头问她："你一个小姑娘，进山干什么？"张姑娘把妈妈生病，自己要到山里找灵药的事说了一遍，说完，她问白胡子老头："老爷爷，这山里有灵药吗？"

白胡子老头听了张姑娘的话，笑了笑，抬手向山里一指，说："有灵药。小姑娘，你就打这儿上山，记住：左拐七道弯，右拐八道弯，饿了吃松子，渴了喝清泉，瞧见地上天，灵药到手边。"

张姑娘还在心里默念这几句话，白胡子老头已经走远不见了。张姑娘虽然没有完全明白老头说的这几句话的意思，但还是照着做了。她沿着山道一路走，左拐了七道弯，右拐了八道弯。饿了，捡些地上的大松子吃。渴了，就趴在山泉旁边喝泉水。

走到一处山顶处，见到那里有一个小水池子，池子里的水清澈极了，天上的白云都映到池子里了，简直分不清哪个是天，哪个是地了。

张姑娘正在发愣，听见身后传来女孩说话的声音。一回头，只见两个小姑娘朝她走来。两个小姑娘长得可美丽了，其中一个，穿着雪白色的衣裳，另一个穿着淡黄色的衣裳，上面还绣着白梅花。那个穿白衣裳的姑娘招呼张姑娘，说："姐姐发什么愣？不认识我们这'地上天'吗？"

张姑娘一听说这就是"地上天"，高兴得差点跳起来。"两位姐姐，快救救我妈妈吧！"

穿淡黄色衣裳的姑娘说："姐姐不用说了，白胡子公公都告诉我们了。我这里有一口袋灵药，回家熬成膏子，给大娘吃了就好了。"说着，把手里拿的一个小口袋交给张姑娘。

穿雪白衣裳的姑娘告诉张姑娘："这口袋里，还有灵药的种子呢，大娘病好了以后，姐姐可要把这些种子撒在地边上，让它自己生长，再有得了大娘这样病的人，就不怕了。"

张姑娘向两个美丽的小姑娘道了谢，转身下山。走了几步，她想再瞧瞧这两位好心的小姐妹。等回头时，只见一只白鹦鹉和一头梅花鹿正从"地上飞"那里飞啊跑呢。

说来也怪，这张姑娘去灵山找灵药，走了几天几夜才到，这回家，可是一转眼就到了。她赶忙把两个美丽小女孩给的灵

天坛益母草

药熬了，给妈妈吃了。没过几天，妈妈的病就全好了。

张姑娘和邻居们都很高兴。张姑娘把口袋里的灵药种子，撒遍了这一块土地的地边上，春天出了深绿色的嫩芽，夏天又长成了灵药，秋天灵药又结了种子，一年比一年多。

妇女们有病的，便照着张姑娘传的法子，熬灵药治好了病。灵药叫什么名字呢？大伙儿说："好心的张姑娘，千辛万苦地给妈妈找来了灵药，给妈妈治好了病，咱们就管它叫益母草吧。"

"益母草"的名字，就流传下来了。

后来，这地方盖起了天坛。

在祈年殿、圜丘坛那些建筑的周边，还有好多没盖房子的空地。这些空地上，到处都长着茂盛的益母草。

有位皇帝看到了很生气，说："这拜天的地方怎么能长这么多的野草，全给我拔了去！"

有一个他妈妈吃过、他老婆正吃着益母草的大臣，忙跟皇帝说："皇上，这不是野草，它叫龙须菜，皇上不是龙吗？要是把它都拔净，皇上您就不长胡子了。"

皇帝也怕自己不长胡子，天坛就留下了益母草。而老百姓就把益母草的嫩芽，叫成了龙须菜。

前门的驴不拐弯

说起前门大街上的铛铛车，人们都知道。其实在早间年，前门大街上还有一种交通工具也很特别，就是"对槽驴"。

为什么叫"对槽驴"？前门大街上有个行当，叫赶脚的，就是帮着运人驮货的。他们用的工具不是马，也不是骡子，因为这两种牲口买起来花的钱多，驴子比较便宜些。赶脚的把驴都放在前门大街的两头，一边是正阳门护城河的桥头，一边是珠市口。谁要是想雇驴代脚了，把钱交给看驴的赶脚人之后，自己就可以骑着驴走了。等到了街的那一头，也逛够了，就下了驴把缰绳往这边接驴的人手上一交，走人了，不用再回到街的那一头去还驴，很方便。

您说，赶脚的人就那么放心把自己的驴交给只给了几个脚钱的陌生人，就不怕有人偷驴吗？还真就不怕。因为这"对槽驴"都是被赶脚的人给训练好的。

怎么训练？这就是赶脚人的手艺了。赶脚这行当挣的是个辛苦钱，驴虽然不算大牲口，可赶脚的人花钱买起来也心疼。那驴有的是跟东家租借的，有的是自己借钱买的。自己买的驴就更上心了，要丢了那可就是一家人的性命啊。于是这些赶脚的就只好更显身手了。

最初的时候，是这赶脚的人里以前有个给掌柜赶驴车运货的，每次拉着货出了永定门就觉得自由了，心里乐开了花，扬手就是一声响鞭。那驴听见这声鞭子，头一低，撒开四蹄就跑开了。这天，掌柜气不顺，把这赶车的骂了一顿，然后又让赶车的送他出门办事。这赶车的受了气，赶车出了永定门气也没顺过来，自然也就没有平日里的开心了，出了永定门也就忘了打那个响鞭了。这拉车的驴听惯了出城门的这声鞭子，这会儿没听见，顿时尥了几个蹶子。坐在车边的掌柜顿时被颠到了地上，正好地上还有摊水，这掌柜落地时正趴在水坑里，弄得一身水一身泥，好不狼狈。赶车的一看掌柜这样子，顿时开心起来，抬手一鞭子，那止尥蹶子的驴马上平顺起来，老老实实、开开心心地拉着赶车的一路颠儿下去了。

这赶车的自然回来就被掌柜给辞工了，他便加入了赶脚人的行列。开始他手上只有一头驴，看到前门大街的生意好做，便想借点钱多赁两头驴来赶脚。但他一个人看三头驴肯定照顾不过来，既然想多挣钱就得多动脑子想办法。这赶脚的就想到了当初他给掌柜跑货时，驴尥蹶子把掌柜从车上颠下来那件事。这驴只要能给训出习惯来，那就好掌握了。这赶脚的就着手训练他手下这几头驴，只要用心，没费多少工夫，他把自己手下的驴都训练好了，往前门大街上一赶，还真就成了。

别的赶脚的看他这样又挣钱又轻松，便都照着学起来。于是"对槽驴"就成了前门大街上的一景。

你说，这赶脚的这么没人看着没人管的，那些雇了"对槽驴"的人，就没有想把驴随手牵走吗？别说，还真有人打过"对槽驴"的主意。

话说这天，有个穿戴挺讲究的人到珠市口来雇驴，跟驴的主人说好几个铜钱后，交了钱骑上驴就进了前门大街。看上去也没什么不对的。驴的主人盯了两眼就去招呼别的客人了，但他没想到，这位雇了驴的客人是打定主意来偷驴的。

这位雇主骑着驴刚走到前门大街左手的一个胡同口，就双脚踢着驴屁股要把驴赶进胡同里去。但驴没听他的，继续顺着路往前走。

前门大街从珠市口这边往五牌楼走，左手的胡同比右手的多，但到了廊房一、二、三、四条那里，买卖多，牲口很难往里走。这边的胡同也都很窄巴，能把驴牵走的胡同也没有几条。眼看前面就走不成了，骑驴的人急了，回头瞧瞧已经看不到驴的主人了，就从驴上跳下来，连拉带赶，想把驴拉到胡同里去，把驴偷走。

可是这"对槽驴"经过主人的训练，没有主人发话是根本

犯倔的对槽驴

不会离开前门大街这条道的。被这个人又拉
又赶的，驴也生气了，抬起蹄子，一下踢在
偷驴人的腰上。

　　这个想偷驴的人被驴这一蹶子差点把肾
给毁了。他疼得龇牙咧嘴，只好松了牵驴的
绳子自己跑了。

　　驴不管身上有没有人，继续溜溜达达地
往前走，到了护城河的桥头看见主人就自己
站下了。

正阳门摸门钉儿

　　"元宵雪衬一灯红，走百病后摸门钉。但愿来年生贵子，不枉今番寒夜行。"这是一首竹枝词，里面说的是北京老年间的几个民俗。其中一个说的就是，到正阳门摸门钉。

　　为什么要摸门钉？中国人讲究多子多福，女人只要一结了婚，生孩子是头等大事。于是，女人只要一过门，就巴不得赶紧跟男人生出个孩子来。可那时候又不懂科学，谁也说不清楚生孩子究竟是怎么回事，只能听天由命。但女人们不甘心，总希望能想出点办法来帮帮自己。

　　当年，北京城里有一个大户人家，家里有三个男孩子，都长大成人，各自娶了媳妇。这家的老爷做买卖是把好手，生意做得很大，前门一带有好几家店铺，乡下还有房子、田地。但在为人处世上，这位老爷却是个讲究中庸，比较平和的人。有钱人都会遇到身后财产分配给孩子的问题，这位老爷怕自己的遗产分配不公，造成家庭的不和睦，在大儿子结婚时，便想出了一个自己百年后家里遗产的处理办法。但大儿子结婚时，他没有说。老二结婚时，他也没有说。等到老三，就是最小的那个儿子也办了婚事后，他才把三个儿子都叫到身前来，对他们交代了将来继承家庭遗产的办法。

老爷说的分财产的办法就是，为了保持家族人丁兴旺，香火绵延，看三个儿子的媳妇哪个能先生出儿子来，先生的多分一份，生的多的多分一份。为了表示公平，如果实在没有生儿子，生的都是女孩，其中有能让女婿来这个家里入赘的，也可以多分一份。总之一个原则，能让这个家庭多子多福的，就可以多分家产。

三个儿子一听这个办法很是兴奋，马上回房跟各自的老婆说了，各屋的媳妇也都很开心，生孩子那还不是手拿把攥的事。

可事情往往不如人愿。

转眼几年过去了，三个儿媳妇的肚子还都是瘪瘪的，一个也没见鼓起来。

老爷不开心，三个儿子也着急，三个儿媳妇更是心焦。

这个家庭平日里有老爷做主，看着很是和睦，但说到往后传宗传家产，还是藏着隐患。老爷有三个老婆，这三个儿子分别是三个太太生的。而且，大儿子还是二太太生的，大太太生得最晚。大太太的儿子就想，本来我是嫡子，生得晚就有些吃亏，这要是我的儿子再在两个哥哥后面生出来，那继承家产的时候，肯定要吃大亏了。这么一想，便有些给媳妇脸色看。

　　这三个儿子的媳妇心思和男人是一样的，都想快点生、多点生。可是大夫换了无数个，中药也抓了无数服，就是不见效果。三个人的婆婆也到庙里求了无数次，焚香祷告，祈求观音娘娘保佑。还求亲访友，给她们求了好多民间土方子。总之，能想到的，能找到的办法，都想了，都办了，三个媳妇的肚子就是一点反应也没有。老爷的三个老婆都过来责怪老爷，说是不是挣钱发财太多了，老天在报应你。老爷很委屈，说我赚的都是良心钱、辛苦钱，不该断子绝孙的。

　　全家都被这种沮丧的气氛笼罩着，这过年没有喜庆劲，正月十五的灯节也没心思。男人们都抬不起头来，这三个儿子的媳妇也都怪自己不争气，紧着张罗各种事物，除了卖力气干活，别的事在家里都小心谨慎的，大气也不敢出一口。

　　过了十五这年就算过完了，三个儿媳妇这才放下手上的活，直直腰喘口气。三个人虽然在家里的事情也有争短长、闹矛盾的时候，但在生孩子这件事上，是一样的苦楚。此时终于可以喘一口气，老爷大太太的儿子，也就是老三的媳妇对两个妯娌

摸门钉的女人

说："他们男人这年都热闹过了，咱们什么也没落着。咱们今儿也什么都不管了，出门逛逛去吧。"老大、老二的媳妇心里也憋闷得慌，一看有人挑头，马上应和："走！他们男人天天外面乱逛，这年都过完了，咱们也逛去！"

这三个小媳妇到了前门大街，遛过大栅栏，就看正阳门楼子下面人头涌动。走过去一看，只见好多大姑娘、小媳妇在挤着拥着用手摸那城楼子两个大门上的门钉。这三个小媳妇看着好玩，就过去问，干吗要摸门钉啊？有些害羞的女人不搭话，有些泼辣的女人就问她们："你们是京城人吗？"

这三个小媳妇都在有钱人家里长大，结了婚，因为家里人多热闹，也很少出去串门子，对北京城里的民间事情了解不多，见人家问，忙小心地跟人家解释："我们年纪还小，不怎么出门，不大懂事，您老谅解。"那年头，说人家年纪大不是贬损，而是尊敬。被对方说年纪大了，反而高兴。那几个边摸着门钉边叽叽喳喳的女人问三个小媳妇："你们生养了吗？"三个人都说没有。那几个女人便说："你们来对了！快上手摸摸吧，摸完回去就有了。"

这三个小媳妇不知道，原来北京民间有个习俗，就是那些没有生养过孩子的女人，只要正月十六那天摸过正阳门城楼子大门上的门钉，十有八九就能生养孩子。这三个小媳妇和他们的家庭，不深入民间，不了解民俗，也就从来不知道有这个办法能解决怀不上孩子的那回事。

这天晚上，三个小媳妇伸着手，把正阳门城楼子两个大门上的门钉使劲摸了一遍。

你别说，没过几天，三个小媳妇就都有喜了。生下第一个，身心通畅了，她们三个人又为这个家生下了好多个孩子。老爷又喜又惊，拍着大腿说："看来我真要活过百年去了，不然我挣的这点家产，不够给你们分的！"

这件事传出去之后，到正阳门来摸门钉的人就更多了。

你说，摸门钉真的跟生孩子有关系吗？这很可能是人家想讨个口彩。门钉的"钉"和代表人的那个"丁"字同音，摸了门钉家中人丁兴旺。

那为什么是正月十六呢？因为过了正月十五，年就算过完了。过年节的时候，家里是离不了人的，女人要在家里干活。到正月十六就没事了，女人们可一天也不愿耽误，赶紧出门忙活自己的那点事儿。那些年，每年正月十六你只要从正阳门那儿过，离着半里地就能听见女人的笑声。

十五的兔儿爷上前门

兔儿爷，是过中秋时给孩子们玩的玩意儿。一到中秋节，街上都是卖兔儿爷的。那兔儿爷都是用模子翻的，模样差不多。大的有三尺多高，小的也有两三寸的。兔儿爷脸是白的，头戴金盔，身披金甲，背上插着靠旗。兔儿爷都是骑着东西的，骑什么的都有，狮子、老虎、鹿、大象，反正都是一般人骑不上的。每年一进八月，街头卖兔儿爷就成了一景。人们传说这兔儿爷是月亮上玉兔的化身，所以好多人都喜欢。

据说有一年北京城里闹瘟疫，家家的小孩都得病。找大夫看，怎么看也看不好。眼看要到八月节了，全城人都被闹得没了心情，谁还想着过节啊。月宫里的嫦娥看到了，就把身边的玉兔派到北京城里，给孩子们治病。这玉兔变成了一个少女，挨家挨户给孩子们看病。也不知她用了什么法子，只要是她看过的孩子，等她一出门，转眼就欢蹦乱跳了。大家为了感谢玉兔，都送东西给她，可玉兔什么也不要，只是向别人借衣服穿。

后来人家才猜到，玉兔向人们借衣服，是不想让人们认出她来。每到一条胡同里，给那里的孩子看好病，她就向人家借一身衣服换上。神仙都不想让别人认出她来，要不然大家都在街上拦着神仙，她行动就不自由了。

玉兔有时候打扮得像个卖油的，有时候又像个算命的；一会儿是男人装束，一会儿又是女人打扮。为了能给更多的人治病，玉兔还骑上狮子、老虎、大象、鹿这些一般人很少见的走兽，走遍了北京城的每一个角落。

给京城的老百姓治好病，玉兔该回月宫了。可大人孩子都拉着她不让走。玉兔回月宫要从前门楼子上天，她就跟人们说："你们和我一起到前门去玩吧。我要玩高兴了就不走了。"人们就都跟着玉兔到了前门。

这天正好是八月十五。前门大街上已经摆了好多个卖兔儿爷的摊子，五牌楼那里的摊子最多，人走过去，满眼都是兔儿爷，大大小小，高高低低，好看极了。这么着，玉兔在摊子中间走着走着就被人们跟丢了。等大伙抬头一看，玉兔已经在前门楼子上了。

大家知道留不住了，就叫小孩们齐声喊："兔儿爷！兔儿爷！"在孩子们的喊声中，玉兔从前门楼子上天回了月宫。

此后，京城里就出现了一大批做兔儿爷的民间艺人。每到中秋节，前门大街上就会摆出很多卖兔儿爷的小摊。孩子们拉着大人的手，争先恐后地去把兔儿爷请回家。晚上，放在床头，睡梦中也在想着，能让玉兔再来看看自己。

火神爷烧鲜鱼口

前门外有条胡同叫鲜鱼口，鲜鱼口里面原来有个不知哪个朝代建起来的小庙，里面供奉着火神爷。老百姓上庙里都是拜观音、拜菩萨，求个财运福运，一般人没事不会去给火神爷烧香上供。这个小火神庙便显得冷冷清清，破破烂烂。一天比一天糟，也没人修缮。这样一来，庙里的火神爷不乐意了，心说：要是没有我保佑你们，这里早就被各路邪火烧得片瓦不存了。可没人拜庙给钱，火神爷也发愁。没人往庙里走，也不能自己跳出去把人家拉进来上供啊。

这天，外面下雨，火神爷看着天气也发愁。几个进来躲雨的鱼贩子，进庙来蹲在墙角数银子分钱。几个人你一言我一语，这个说：今天出了多少力气，该多分一点。那个说：要不是我吆喝得好，这鱼不会这么快卖

火神爷发火啦

光。第三个人说，那捞鱼用的都是我们家的网子，这该怎么算？几个人争来争去，声音高高低低，让火神爷都听在耳朵里。

火神爷心里这个急，心说：你们分不过来，干吗不给我上点供？要分不好，干脆就都给我上供得啦！这么想着，就脱口说了出来："都给我好啦！"

几个鱼贩子听到有人要来抢他们的钱，都跳起来，抄起手里的家伙要大干一场。但转了一圈，没找到人。

火神爷乐了，大笑三声，说："火神爷我在此，你们没长眼睛吗？"

几个鱼贩子看火神爷说话了，吓得连滚带爬地跑出门去。虽然逃得狼狈，但一分钱也没给火神爷留下。

火神爷虽然没从鱼贩子那里拿到钱，但一下来了主意。他想，鱼贩子能卖鱼赚钱，我火神爷有什么

火神爷烧鲜鱼口

不成的？你们不给我修庙，我自己挣钱来修。现在老百姓眼里只认钱，我这个火神爷有了钱，不怕请不动人来给我修庙塑金身。

火神爷也要上街摆摊了。摆摊要有货啊，火神爷整天在庙里站着上哪去囤货呀。你别说，还真是天无绝人之路。就在前两天有人到这火神庙里来进香了，在供桌上摆了几个大火烧和几条鲜鱼。虽然鱼已经干了，火神爷还是拿上这些东西去摆摊赚钱了。

火神爷摇身变成了一个身穿破衣、黑头红脸的脏老头子。他在街上摆起了摊子，大声吆喝："鲜鱼 —— 大火烧！鲜鱼 —— 大火烧！"路人看见地上摆着几个干巴巴的火烧和几尾已经发臭的鱼，都觉得恶心，都绕着他走，根本没人买。火神爷坐了一天也没开张。

第二天火神爷还是早早来到摊前，摆上火烧和鱼，然后大喊："鲜鱼 —— 大火烧！鲜鱼 —— 大火烧！"可是，任凭他喊破了嗓子，就是没人来买他的火烧和鱼。这样一直喊了三天，火神爷终于死了发财的心。他垂头丧气地收了摊，回到破庙里。心中郁闷啊！他不由得长叹了一声。神仙哪有发愁叹气的啊？就听"呼"的一声，一股神火从火神爷的口中喷了出来。神火出来要收回去可就来不及了。这口大火一气烧了三天三夜，把个繁华热闹的鲜鱼口烧得只剩下一片瓦砾了。

『神火』烧了大栅栏

　　当年闹义和拳的时候，都说义和拳的人有神功，刀枪不入。还能发神火，火烧三军。这人没亲眼见过，不知是真是假。不过，庚子事变那年，前门外大栅栏的老德记洋药房的确被义和拳用"神火"给烧了一回。那可是一件大事，当年全世界都知道了。

　　光绪年间的时候，山东开始闹起了义和拳，烧教堂，烧洋货，杀二毛子 —— 就是跟着外国传教士干事的中国人。这事很快传到了天津还有北京这边。前门大街上很多店铺里的伙计、学徒都跟着学义和拳，在大师兄带领下，开坛习拳，舞刀弄剑。义和拳都是以坛为组织，一条胡同为一个坛，大师兄就是这个坛管事的。这天，大栅栏坛的大师兄把坛里的弟兄们召集起来，说："走，今天咱们去把老德记洋药房烧了！"

为什么要烧老德记？因为义和拳当年闹的就是洋人和洋货。自从一闹义和拳，前门大街一带卖洋药、洋蜡、洋布、洋袜子、洋手巾、洋胰子一类的洋货铺都关了门，要不就是改成什么都卖的杂货铺了。在大栅栏里面路北头的老德记洋药房虽然把名字中间的那个"洋"字改成了"大"字，但店里面还在偷偷地卖洋药。义和拳哪能容忍眼皮子底下出这种事啊。

　　大栅栏拳坛的大师兄率领团民，手持刀枪棍棒围住了老德记洋药房。听说义和拳要烧洋药房，很多人都来看热闹。看什么热闹？因为义和拳一直宣传说自己有神助，团民刀枪不入，各坛的大师兄都有通神。老百姓不知道是怎么回事啊，都想看看义和拳怎么用"神火"来烧洋药房。

　　虽然是来烧药房了，可大栅栏拳坛的团民都离老德记洋药房远远的，只是由大师兄走到老德记洋药房的门上画了个"十"字，然后也退到十几步外。看周围的人多起来，大师兄开始念咒语。不一会儿，就见老德记洋药房里火光四起，围着看的老百姓都喊："真是神啦！义和拳真是天兵天将，打洋人全靠他们了。"可是就在大伙说话的这工夫，那火从洋药房的顶子上蹿了出来，把药房旁边的房子都点着了。看热闹的老百姓都冲大师兄喊："快用神功把火灭了，要不然整条街都要着啦！"可大师兄早带着他的团民一溜烟地跑了。

　　其实这神火是这么一回事。要烧老德记洋药房的头一天晚上，大栅栏拳坛的大师兄叫一个团民，带着放火的工具先藏进了

义和团放"神火"

洋药房里，等外面一闹腾起来，藏在里面的团民就开始放火。你说这火本来就是人放的，火着大发了，大师兄哪有神功来再把它弄灭了呢？

这把"神火"不光烧了一家药房，而是把大栅栏，把整条前门大街都给烧了。四千多家店铺一转眼的工夫就烧成灰了，就连前门楼子都没能幸免。这也才有后来慈禧和光绪回北京时，前门楼子扎彩子的事。

"神火"烧了大栅栏

前门大街镖局多

早年间的老北京城里练武走镖名头最响的当数"大刀王五"。"大刀王五"那年头开的镖局，就在前门大街。

"大刀王五"本名叫王正谊，是河北省沧州人。沧州被称为中国武术之乡，那里的人很多从小习武，大了就外出以武谋生。王正谊也是从小就喜欢习武，成年后，刀、枪、剑、戟等十八般武艺也都学成了。由于他惯用大刀，又在师兄弟中排行老五，成名后，被人们称为"大刀王五"。

"大刀王五"开的镖局叫源顺镖局，当年就在前门西半壁街上，是清光绪五年开业接镖的。

"大刀王五"为什么要把镖局开到前门大街来呢？

这就要说到前门大街在北京城的重要位

置了。有人说，当年，北京城里买卖最兴隆的地方是"东四、西单、鼓楼前"，其实那些都是小买卖，摊贩、游商汇集之地。大买卖都在前门大街上，在大栅栏，在鲜鱼口这块。买卖大，走货的量也大，银钱交易得也多。早时候，没有火车，也没有汽车，运货大都是车拉人推，路又不好走。加上社会不安定，绿林好汉众多，好多占山为王的都以抢劫财物为生。人出门都要搭伴结队小心翼翼的，更不要说带着一大车值钱的货了。于是，那个时候担负安全保卫的镖局就很多。开镖局要接活，哪里最好接？自然哪里大买卖多，哪里最好接活。于是，当年北京城里有实力的镖局，大多开在前门大街一带。

据说在清期前半截的时候，前门这里开的镖局有几十家。比较大的除了"大刀王五"在西半壁街的源顺镖局，还有西河沿的东光裕镖局、粮食店的会友镖局、布巷子的自成镖局、狗尾巴胡同的同兴镖局、打磨厂的东源成镖局、西珠市口的福源镖局等。到清朝末年了，还开门接镖的镖局还有七八家呢。

镖局说通俗些，就是运货的。跟现在运货的不同，就在于他们是带着武器的。武器自然是那个年代的冷兵器，刀枪剑戟之类的，武装押运。干这行当年有社会需求，又不需要很多的资本投入，主要有几个会武术的人，租几间门脸房，再加上可以运货的车、马等，就可以开业了。

当然，还有一条也很重要，就是，是不是有朋友。这个其实很关键。咱们看武侠小说，那里面说的大都是唐宋年间的故事人物。那些大侠，用盖世无双的神功杀出一片天地。谁不当我是天下第一，我就跟你比比。文无第一，武无第二。第二都跑哪去了？被杀了。但成了武功第一的这些人，其实都没什么朋友。武功越高，越是跑到哪个没人的山谷或老林里独居去。到武术用来护镖运货的时候，武功高低自然也很重要。真要有动手抢货的，你得打得过人家。但更多的，是讲交朋友。闯荡江湖，要广交天下英雄豪杰，不然，货物沉重，路程千里，来抢货的强盗一拨接一拨地上，单靠打斗难以保全货物。就算把货最终送到地方，这一趟镖走下来，人也就废了，别说第二趟接着做了。开镖局实际上跟开别的买卖，表面看着不一样，本质都相同，都是要和气生财。

"大刀王五"所以在北京城里名头响，一是跟他参与抗击八国联军有关，再一个就是他为人正直，朋友很多。

清道光年间，大栅栏广信号绸缎庄要去南京办货，这消息被前门外施家胡同的一家镖局知道了，就找去主动接了这趟镖。镖局的人跟着绸缎庄的伙计一起去办货，但在回北京的路上，这趟镖丢了。为什么？因为镖局保镖都是分镖路的，不可能天下人都是你的朋友，也不可能所有走镖的路都被你一家镖局给统了。前门大街上的镖局，有的对保定、正定、邯郸等一带道路的人头熟，就主要走这一路的镖。有的镖局对宣化、怀来、张家口一带道路上的人头熟，就专走这一路。

镖局对常走的镖路上的什么山头、哪块地方有强人出没，不仅要一清二楚，还要跟他们有交流常往来。这些强人也会到北京城来办事，打听到他们来人了，不能装不知道 —— 要那样以后走镖可就麻烦事多了。打听到他们来了，得主动、热情、周到地接待，吃饭、住宿、玩什么的，都得包下来。那个年头没什么法制观念，老百姓都觉得"兵匪一家"。你给我面，我也给你面。不撕破脸，都好办事，反正赚的都是开买卖的商家的钱。

人头熟了，镖局接货走镖的时候，都要在人骑的马上、驮货的驴马车上，插上写有镖局字号的镖旗，告诉那些准备劫镖的人，这是熟人路过，抬手让路。过那些比较背阴的山林、树林之处，可能藏着一些"此山是我开，此树是我栽"的人，还要喊一些号子，叫"镖趟子"。那意思是感谢路上的朋友让我们借路而过。各家镖局喊的也都不同，好让听到的人区别开。护镖的最忌讳不喊"镖趟子"偷偷而过，那显然是不把对方当朋友了。

再说到广信号绸缎庄去南京接货丢的那趟镖，就是因为接镖的那个镖局不常走那一路，但贪图绸缎庄给的钱多，镖局里又有几个武艺高强的镖师，就接镖上路了。开始几股抢货的人，倒都被他们打退了，但越往北京城走，路上聚过来的强人越多，根本打不过来，最后只好保人弃货，把镖丢了。

"大刀王五"做事就比较仗义。他的源顺镖局正门是个朱漆

"大刀王五"义愤填膺，率领镖局的人参与抗击洋鬼子

大门，右侧悬挂一面杏黄旗，上书"源顺镖局"四个大字。进门有好几块匾，写着"德容感化""尚武""济贫"等，据说这几块匾，都是北京城的老百姓为赞誉大刀王五"轻财重义、济困扶危"的精神给挂上的。

据说，源顺镖局以保北京往来河北、河南、陕西等地的镖为主。因为这些地方，"大刀王五"的江湖朋友多，路途也过得比较顺畅。老人们都说，就没听说过源顺镖局保的镖出过事。前门大街的那些大买卖、大铺子，宁愿多花钱也要用"大刀王五"的镖局为他们运货。兴旺时，镖局有几十号镖师，还一年到头忙不过来。

光绪那年，八国联军进了北京。杀人放火，无恶不作。"大刀王五"义愤填膺，率领镖局的人参与抗击洋鬼子。在前门外护城河边，被洋鬼子的子弹打中，也算是为国捐躯了。

后来，正阳门东侧和西侧的两个铁路开始营业。京奉、京汉铁路都通车了，做买卖的商人再运货用火车的越来越多，镖局的生意大多被铁路抢走了。这也算是时代发展的结果吧。前门大街上的镖局陆续关门，源顺镖局也歇业了。但你去西半壁街上找找，还能看到源顺镖局的老房子。

鲜鱼口的鱼仙儿

　　大栅栏是条买卖街，商铺林立，十分热闹。大栅栏对面的那条街叫鲜鱼口，原本也是很热闹的。这条街原本叫线市口，因为街上都是买卖针头线脑的，没几家开饭馆的。

　　当年，正阳桥还在。永定河水从前门向东往南流，下面就是三里河。因为有这条河，打鱼的、卖鱼的人很多。有推车的，挑担的。小贩高声吆喝着："卖鲜鱼！卖活鲤鱼！"每天天一亮，这里卖鱼的、买鱼的人便挤作一团。买鱼的图个便宜弄一身腥回去，打鱼卖鱼的也只是挣个辛苦钱。

　　话说这天早上，有个老头从这里买了一条鲤鱼，这里卖的都是活鱼，老头要等中午做饭时再收拾，回家便把鱼放在水缸里了。这条鱼一进水里，变得全身通红，成了一条红色的锦鲤鱼，非常好看。老头看呆了，一时不忍心把它做了吃掉，想放在水缸里先养一晚上看看，明天再说。第二天早上一睁眼，老头就去看红鲤鱼，没想到，那条鱼不见了，缸里放着半缸的金子和银子。

老头想，我这是碰到鱼仙儿了。鱼仙儿回报了老头的善心，老头为了答谢鱼仙儿，从此就每天到这里来买一条活鱼，买完了就在正阳桥下的河里放生。别人听说了老头的故事，也来买鱼放生。这样，这里卖鱼的、买鱼的人越来越多，日久天长，人们就把线市口改叫鲜鱼口了。

叫了鲜鱼口后，这条街的买卖更加兴旺起来。很多买卖都开到了这条街上。

东交民巷的麻雷子——洋爆儿

在天安门和正阳门之间，路东路西各有一条胡同，东边的叫东交民巷，西边的叫西交民巷。明清时期，这里是皇家用地，有官署衙门，如宗人府、吏部、兵部、户部、工部、礼部、太医院等等。那时候东交民巷还叫东江米巷，江米就是糯米。从这个名字看，这块地以前可能是种过粮食或是买卖粮食的地方。后来改成东交民巷，是因为鸦片战争朝廷打了败仗，只好签了丧权辱国的条约，跟人家认输。外国人成了皇上的皇上，说怎么办，清朝当官的一点儿也不敢大声喘气，就随人家欺负。外国人说要在东江米巷设立大使馆，于是，朝廷就在这里给外国人建大使馆，还把胡同的名字给改了。

外国人想住在这东交民巷，是因为这里离皇上住的紫禁城近。他们要想起什么鬼点子、坏主意，可以抬脚就进皇宫，去欺负坐在龙椅上的皇帝。说起来，那时的皇帝，当起来也怪不容易的。

朝廷为了讨好外国人，把江米巷改成了东交民巷，老百姓也不愿意啊。于是，在闹义和团的时候，老百姓就把这条胡同改叫成了鸡鸣巷。

为什么老百姓叫它鸡鸣巷呢？这里面就有故事了。

鸦片战争之后，外国人大量进入中国。当时中国人乍一见到外国人，也分不清他们是哪国人，是从什么地方冒出来的，就都管他们叫洋人。义和拳当初开坛之时，就是打着驱除洋人、中华自强的旗号的。他们一路烧洋人开的教堂、杀着洋鬼子，从天津就进了北京。住着洋人的东交民巷，就成为他们攻打的目标。

传说进了义和团的人都会跟着大师兄练神功，练好神功后可以刀枪不入。但很多加入义和团的人来不及练成神功，就加入杀洋人的队伍了。义和团杀洋人用的还是大刀片和红缨枪，住在东交民巷的洋人都是手里有火枪的。带队的大师兄问大家怎么办，不能硬着来。义和团里有能人。有人就喊："咱们没有火枪，可咱们有火炮。"

大师兄问："哪里有火炮？你别睁着眼睛说瞎话。"

那人站出来说："我说的是用炮仗！用大炮仗，那炸开了不跟火炮一样吗？"

众人一听都叫好。

洋人的洋枪里用的是火药，咱们中国人放的炮仗里用的也是火药啊！要说火药，那还是中国人发明的。四大发明之一，虽然先被洋人用在了洋枪上，可我们中国人造的炮仗也很厉害啊！

有本古书，叫什么《荆楚岁时记》的里面就说：大年正月初一，鸡鸣而起，先于庭前爆竹，以避山魈恶鬼。这就是古训。山魈恶鬼就是民间传说中的"年"。过年时，放炮仗能用来驱鬼、镇妖、辟邪、降福。炮仗有这么大的功能，洋人能比鬼怪还厉害吗？肯定能把他们炸得半死。

中国人都知道炮仗能驱鬼。清时的内务府里有造办处，造办处里面专门设有花炮作。这个花炮作在光绪年间，还扩大为花炮局，朝廷从全国各地招募优秀匠师进宫，制造各式各样的爆竹，朝廷不用炮仗来打洋人，我们义和团来干。

于是，在那位提议用炮仗来打洋鬼子的师兄的带领下，义和团除了自己做，还从市面的店铺里征集了一大批炮仗。品种那叫一个多，有什么"麻雷子""二踢脚""飞天十响""霸王鞭""小钢鞭"等等。

到了日子，义和团带着大量的炮仗就到了东交民巷。大师兄一声令下，团民们把手中的炮仗全部点燃，冲着外国人的使馆就放开了。真是万炮齐发，震耳欲聋。别说，这下真把那些洋鬼子吓得紧闭大门，一声也不敢吭，一个人影也没敢露，都做了缩头乌龟。义和团晃晃荡荡地开进了东交民巷。

这件事很快就传遍了街头巷尾。民间谚语中有句，叫"金鸡啼后鬼生愁"。于是，京城的老百姓就将东交民巷改称为鸡鸣巷。有文人还写了竹枝词，曰："交民两字改鸡鸣，共说今名胜旧名。"说义和团用炮仗炸东交民巷这件事，让国人扬眉吐气了。

　　因为东交民巷放炮仗的盛况，民间还留下了很多歇后语。像"爆竹店里着火 —— 一响全响""属二踢脚的 —— 点火就崩（蹦）""二踢脚的大炮仗 —— 一声更比一声响得高"什么的。还有一个更厉害，说是"东交民巷的麻雷子 —— 洋爆儿"，这算说到点上了。

皇亲国戚打卡地

九龙柏

　　去天坛公园圜丘坛那里时，都能看到一棵特别显眼的树，是一棵大柏树。这棵树据说活了已经有六百多年了。绕着它的树身看，只见上面通体盘绕着九条龙！那龙跟活的一样。为什么这棵树能活这么久，树身上会盘龙？据说，它曾经为乾隆皇上"造"了一场及时雨。

　　乾隆年间，国家一直还是风调雨顺的，百姓生活得比较安稳。但突然有一年，北京大旱。正是春夏初交之际，地里秧苗期盼甘霖，但京郊一百多天滴雨未见。百姓心急如焚，一边向官府求告，一边焚香祷告，希望老天能帮帮忙。京城顺天府尹体恤民情，一日三次向皇上急报，敬请皇上速行雨祀，以救黎民。

　　收到奏折，乾隆开始还没有特别上心。

"天不下雨，可以令百姓挖井取水。"

顺天府尹摇头："旱了这么久，地下的水都被老百姓挖得差不多了。再往下挖，奴才恐动了皇家的根本啊。"

乾隆一听，这大旱要动摇孤家的江山稳固了，那还了得，他忙带了一帮大臣到京郊去视察旱情。天气炎热，麦子地里远远望去一片枯黄。天不下雨，人会出汗。虽然跟随的太监紧着伺候，乾隆皇上还是不停地冒出汗来。太监一把没接住，乾隆脸上冒出的大汗珠子掉到了地上。皇上身上的东西那是不能随便留给外人的，会出事的。太监忙伸手到地上去抓那汗珠子。可那汗珠子虽大，但一着地就不见了。干得冒烟的黄土地面，就跟从来没有见过这颗汗珠子一般。乾隆皇上想，没这么夸张吧？他使劲摇摇脑袋，甩落了一串大汗珠子。这些大汗珠子落在地上，连个影子也没见到，就全被又干又烫的地面给吸进去了。

顺天府尹跟皇上哭诉："这样的天气再这么下去，那秋天的收成可就别想了。"

乾隆只觉得眼前一黑，他仿佛看到了大旱之后颗粒无收的饥民，向他蜂拥而来。事不宜迟。乾隆回宫后，马上准备一番，带着几名随从，直奔天坛，沐浴斋戒，进行雨祀。祈求天公尽快下场大雨。

登上圜丘坛，祭天祈雨大礼完毕，天上仍是碧空万里，不见一丝云彩，乾隆十分焦躁，又很是沮丧。心想，我太着急了。看见天下大旱，乱了方寸。要让天上龙王看到我的诚心实意，该素食三日，沐浴三天，焚香长燃，功夫做全了，再来祭天祈雨。

乾隆从圜丘坛下来，由于刚才过于用心，太过专注，耗费脑力，脚下不觉有些浮飘。随从忙把鹅黄铺垫打开，看一棵大柏树下有些阴凉，便把铺垫放平，让乾隆坐下休息。乾隆虽然坐下了，但心事难平。他对随行的大臣交代，明天官员们上朝后不议事，一起随朕到圜丘坛祈雨。大臣不大同意，说："天下那么多大事等着皇上处理，祈雨是天事，不是人能决定的，也不忙在这一两天。"乾隆说："下雨虽不是人间可决断之事，但天下大旱不解，我一日不得心安。都说心诚则灵，我天天带着满朝文武来求雨，就不信感动不了天神！"

几个人正说着，忽听一侧传来窸窣蠕动之声。众人一番察看，发现在那棵大柏树下，好几条小蛇，正扭打成一团嬉戏！

随从人员大惊，唯恐惊驾，忙要把小蛇驱赶走。乾隆看到小蛇虽有些惊奇，但也未责怪随从人员。见他们虽一起驱赶，可这些小蛇仍是嬉闹不走，乾隆便说："罢了，不要赶了。说不定是哪路神仙前来助我祈雨了，随它去吧。"

不料想，乾隆此言一出，那些小蛇抱作一团原地打起转来。刚才还一片碧蓝的天空顿时暗了下来，凉风四起，几条小蛇腾空而去。紧接着，雷声隆隆响起。圜丘坛周边的松柏树发出的声音如龙吟般轰鸣。

眼看一场大雨将至，随从官员赶紧把乾隆皇上送回斋宫避雨。

据说，从乾隆祭天祈雨那天开始，那场雨就一直下。忽大忽小，半月之后才渐渐停了。京郊的旱情也全部解除了。

雨过之后，人们发现，那棵曾有小蛇围绕嬉闹的大柏树的树干上，出现了扭曲盘绕状的九条龙。人们说，这是被乾隆为百姓祈雨的精神所感动，催动下了那场雨的九条龙不舍人间，就留了下来。后来，人们就把这棵古柏叫作"九龙柏"了。

乾隆赐匾『都一处』

"都一处"的烧麦名满京城，但它最初只是一家连名字都没有的小饭摊。

开这家店的据说是个山西人。他刚到北京的时候，在前门外肉市一家叫"醉葫芦"的酒店当学徒。这个人勤劳朴实，不怕吃苦，眼疾手快，很快便学到了一手招待客人、整理店堂、制作小菜的本领。有点本事后，他就自己出来单干了。先是在鲜鱼口附近找块地方搭起摊子，摊上挂个酒葫芦当作招幌。再往后，他又靠积攒下来的钱，盖起了一座只有一间门面的二层小楼。前门大街上出了名的大饭庄、小饭馆太多了，这位掌柜虽然尽心竭力，但几年下来，仍然生意平平。

北京城老年间一进旧历腊月，生意就更不好做了，特别是过年前的那几天，各家该买的年货都已齐了，官府已封印，戏楼也封台了，街上也见不着什么人了。酒店、饭馆没什么生意，过了午就都挂板关门收市了。

却说这一年的年三十晚上，前门大街上的店都关了门，只有这家小饭馆的老板没什么事干，便和几个伙计支应着店面，想接待些在外面躲债的酒客，挣几文小钱。快到半夜的时候，就见从店门外面进来三个人。

这三个客人从穿着看像是一主二仆。两个仆人看上去年岁已高，但嘴上没有胡子，每人手上各打着一个纱灯，前后给主人照亮，这三个人被伙计引到楼上吃酒。当时，店里几个喝酒的客人，有的衣帽不齐，有的一边喝酒一边唉声叹气。大年三十到外面来喝酒的能是什么如意之人呢，一看都是落魄失魂之流。但这主仆三人却是面带笑容，举止文雅，吃着小菜，喝着酒，赞不绝口。

那主人模样的人问伙计："你们这个酒店叫什么名字?"伙计说："小酒店没有字号。"这个人看看周围，听听外面的声音，很感慨地说："这时候，还不关店门的酒店，这京城里只有你们一处了，我看就叫'都一处'吧!"

伙计以为这是客人的酒话，也没放在心上。但没过几天，几个太监给酒店送来一块写着"都一处"的牌匾。这时大家才恍然大悟，年三十夜里来喝酒的三个人里那个主人打扮的人，就是乾隆皇帝。

这件事很快就轰动了北京城。饭馆老板叫人把乾隆皇帝御

都一处里有条"土龙"

乾隆赐匾"都一处"

笔书写的"都一处"端端正正地挂在店中。这块匾，黑漆油饰，字贴金箔，煞是气派。有人叫它"虎头匾"，也有人叫它"蝠头匾"。叫"虎头匾"是因为匾的样子像虎头，叫"蝠头匾"是因为匾的四周都雕刻着蝙蝠的图案。不管叫什么，因是乾隆所赐，挂在堂中，就吸引来无数的宾客。从这以后，人们就都知道京城有个"都一处"了。

乾隆爷前门大街买东西

前门大街上留下了很多皇上微服私访的故事，但是大栅栏和鲜鱼口这两条当年那么热闹的大街，却从来没听说有哪位皇上进去过半步。

这是怎么回事呢？

刘罗锅的一番话道出了其中的缘由。刘罗锅就是刘墉。他在清朝的时候也是个官，可跟和珅比那还差了一大截，但说书、说相声的人都爱把两人往一块拉扯，一块糊弄当朝皇上玩儿。

其实，皇上也想进大栅栏和鲜鱼口里面去逛逛的，那么热闹的地方，又在天子脚下，干吗不看看呢？

这天，乾隆爷没什么事，就带着和珅和刘墉出了正阳门，到了前门大街上，刘墉一看皇上要进大栅栏，心想：坏啦！大栅栏再往前一溜达就是八大胡同啊，那里可不是皇上去的地方。可现在皇上身边跟着和珅呢，这小子浑身上下冒坏水，没准他一鼓捣，皇上非去八大胡同不可。那八大胡同离皇宫这么近，皇上要是逛上了瘾，那天下可就玩儿完啦。不能让皇上进大栅栏。可怎么才能拦着皇上呢？眼看乾隆爷带着和珅就要走进大栅栏了，急得刘墉抓耳挠腮，就在他左顾右盼的时候，突然眼前一亮，主意来啦。他忙跨上几大步拦住了乾隆爷。

和珅说："罗锅你这是干吗？还想挡皇上的道，你不要脑袋啦？"

刘墉说："你才不要脑袋呢。"

他转过身来对乾隆爷说："和大人有欺君之罪。"

乾隆爷也不明白，说："和珅跟我逛逛街有什么欺君之罪啊？"

刘墉抬手指指大栅栏，再指指鲜鱼口，说："这两条街您是千万进不得的。"

乾隆爷说："百姓都进得，我这个当皇上的怎么倒进不得了？"

刘墉说："正因为您是皇上，别人都进得您才进不得。"

乾隆爷十分不悦，指着刘墉说："你给我说清楚，不然你就有杀头之罪！"

刘墉不慌不忙地说："皇上，您知道这是什么地方吗？"

乾隆爷说："你当我是傻子啊？我脚下站的这是前门大街，

我左手是鲜鱼口，右手是大栅栏。"

刘墉说："万岁爷，您不该说左右，应该说东西。您的东边是鲜鱼口，西边是大栅栏。"

乾隆爷说："干吗要是东西呢？"

刘墉说："因为这是两条买卖街。买卖街上都是卖东西的。"

和珅说："那不正好嘛，万岁爷要去买点好玩的东西。"

刘墉说："和中堂，你想掉脑袋是吗？"

和珅说："我让万岁爷买点好玩的东西，有什么值得掉脑袋的？"

刘墉说："你身为大学士，难道不知道五行之说吗？"

和珅听刘墉这么一说，再一细想，顿时吓出一身冷汗来。

为什么刘墉这么一说，和珅就害怕了呢？

原来，我国古代把金木水火土称为"五行"，分别代表西东北南中，东方属木，像花草树木、蔬菜、庄稼这些东西都归东；西方属金，金、银、铜、铁、锡等金属矿物归西；东西方面所代表的东西都是人们能看得到，实实在在的。南方属火，北方属水。在古代人眼里，火、水都是神物，不是人所能控制的。土遍地皆是，只有木（植物）和金（金属矿物）最受人们的重视，可以代表一切有用的东西。于是人们就把"木"和"金"两个方面连在一起，逐渐地构成"东西"这个词，用它代表世界上形形色色的物品。可东西代表的物品虽然很多，但它代表不了天下。你买了东西就丢了南北。老百姓无所谓，可皇

　　　　　　　　　　　乾隆爷前门大街买东西

上受得了吗？这大栅栏和鲜鱼口正是一东一西，这两条街自然也就不能进了。

和珅忙转身对乾隆爷说："皇上，这东西咱们不能买，还是回宫去吧。"

乾隆爷还蒙在鼓里呢。他说："为什么不能买，我看街里的人手里拿着买的东西都兴高采烈的，我为什么不能也去高兴一下？"

和珅毕竟是大学士，肚子里有货。他对乾隆爷说："万岁爷，这史上有个典故，说的是小人们的事，您可能没听说过。"

乾隆爷说："那你说给我听听。"

和珅说："宋朝的时候有个叫朱熹的人，好学多问，有次他在巷子里看到精通五行的好友盛学士提着个篮子要出门，就问他：去干什么啊？盛学士说：去街上买东西。朱熹不明白，问他：为什么要买'东西'，为何不买'南北'？盛学士笑着说：你这位大学问家真是聪明一世糊涂一时啊。我这个篮子里可以装金木，怎么装得进水火呢？朱熹这才如梦方醒。天地五行中，东为木，西为金，南属火，北乃水，所以盛学士才说去买东西。"

乾隆爷这时也明白了。他对和珅和刘墉说："你们是说，我要买了东西就丢了南北？"

刘墉说："万岁爷，据我所知，得天下的人都进不得这两条街。"

中国古代的术数用金、木、水、火、土，推算相互生克的道理和运势，这"五行"又和东西南北中这"五方"相配，测出古今变革，人生命理，万事冲撞及依附的关系。所以，历朝历代的皇上都很重视这些。

　　乾隆爷转身就往回走。

　　刘墉这时拉着和珅说："咱们两个人没事，走，进去逛逛。"

　　乾隆爷说："谁都不许去，跟我回宫。天下的事还多着呢，别忙活我一个人。"

　　就这样，乾隆爷都到了大栅栏和鲜鱼口的街口了，最终还是没能进去。

崇祯测字

早年间，前门大街上有不少算卦的。太极八卦之类的人们都知道，但对算卦的事大都一知半解。不清楚的人，就以为那些算卦的大都是"二把刀"，他们在那撂摊不过是马勺里的苍蝇 —— 混饭吃。不过，这里面也藏着高人。

话说这天，崇祯皇上出宫，走到前门大街上来散心。过了五排楼，看见路边有算卦的，便也想算上一卦。算卦的也没见过崇祯爷，不认识他，就当是个普通求签算命的，便让他抓个阄。

崇祯爷说："我写个字吧。"

算卦的把纸、笔递过来，崇祯爷提笔写了一个"有"字。

算卦的看看字，问崇祯爷："不知您问什么事呀？"

那时候李自成、张献忠那些人正闹得厉害，社会动乱不太平，崇祯爷便低声对算卦的人说："我想问一问咱们大明朝这江山……"

算卦的看看四周无人，低声回崇祯："我看您是个实诚人，我只跟您说，从您这位爷写的字上看，咱们大明的江山要没了！"

崇祯爷吃了一惊，忙问："从我这字上看，怎么就没了呢？"

算卦的说："您看这个'有'字，上边一横一撇，乃'大'字缺一笔。下边有一个'月'字，乃'明'字缺日。这'大明'二字残缺不全，这大明的江山还会有吗？您可千万不要声张出去，这可是掉脑袋的事。"算卦的用手在自个儿的脖子上比画了一下砍头的动作。

崇祯爷虽然心里乱跳，但表面上不露声色，对算卦的说："先生放心，我绝不说出去。我再写一个字，您再给算一算。"

崇祯爷又写了一个"友"字，说："这回还是问咱们大明的江山。"

算卦的看看这个"友"字又是一摇头，说："唉，大明的江山还是没了。您看这'友'字，把头去了是个'反'字，分明是说'反叛出头'。这大明的江山岂能还有啊！"

崇祯爷听了这话，心里是什么滋味儿就甭说了。但他还不甘心，又想了一想，对算卦的说："我再写一个字，请先生算算！"

崇祯爷手颤巍巍地又写了一个"酉"字。

算卦的说："您还问大明的江山吗？"

崇祯爷测字

崇祯爷说："不，这回我问问当今天子的归宿如何。"

算卦的看着"酉"字愣了半晌，收拾卦摊，转身就走。

崇祯爷忙拉住他，说："你倒是说啊。"

算卦的说："我不能说了。刚才两卦已经把大明的江山说没了。现在再说，那就真要掉脑袋啦。"

崇祯爷说："你说吧，没关系。"

算卦的看看左右无人，贴近崇祯爷的耳边儿说："崇祯爷早晚要上吊而亡。您看这'酉'字，上边一横，中间两条绳儿吊着个口。中间一横又像脚踩一物，上面好像是个人。这明明是个上吊的模样。您可千千万万别露出去！我可不想掉脑袋。钱我也不要了，您多保重吧。"

果不出所料，没多久李自成就打进了北京，崇祯爷也在煤山上吊了。您说这卦算得准不准？

崇祯测字

和珅修正阳门

打明朝开始，正阳门这里就格外热闹。进京赶考的举子、觐见皇帝的官员、五湖四海的游人等等，都从这里进出内外城。前门楼子外面，客商云集、店铺林立。可到了乾隆年间，做买卖的商家着了把大火，把繁华的前门大街烧了个精光，前门楼子也被捎带上，箭楼的上半截整个都给烧没了。

和珅跟乾隆请示，说："万岁爷，正阳门乃内城九门之首，箭楼被大火焚毁，这有损朝廷和皇上的脸面。奴才奏请皇上，马上拨款修复正阳门。"乾隆爷一听，和珅说得有道理，当即降旨，拨重金重修正阳门。这监修的事自然也就给了和珅。

工程是皇帝钦点，不怕花钱，这样的肥差自然不能让给外人。和珅便向皇上推荐英廉来当修复正阳门的总督办。这英廉跟和珅是亲戚。英廉的孙女嫁给了和珅，和珅是英廉的孙女婿。都是一家人，让英廉来干，那不就跟和珅给自己挣钱差不多嘛。

正赶上乾隆那年七十大寿，乾隆爷带着一班王公大臣到承德避暑山庄去庆寿，好多来给乾隆祝贺的人都到了承德的避暑山庄，和珅也跟着一块去了。等他们回来，这箭楼已经修完了。

看到修好的箭楼十分漂亮，和珅很得意。这下既能得到皇帝的赞许，又可以大捞一笔了。他和英廉正商量怎么分银子时，有人跑来说坏啦，城墙上裂大口子了。两个人赶忙坐着轿子赶到箭楼跟前一看，吓得差点没尿了裤子。原来，不光新修的城墙上裂着大缝子，连城门洞子的顶上也都裂开啦。

原来，和珅为了省钱，让英廉在修箭楼的时候，只是把楼子上面给修了，城楼子的地基碰都没碰。新楼子一修，新砖、新灰那水汽都大，材料比那老地基可重多了，压分量啊。这一压，旧地基可受不住了，往下一沉，新箭楼自然也就裂开了。正阳门箭楼跟别的箭楼可不一样，是皇帝行走的御道，门洞子顶上裂了，这要万一哪天乾隆爷从这里过时上面掉下东西来，就算没砸到皇上，可也是死罪啊！

英廉忙找和珅想办法。两个人一商量，第二天上朝时，第一件事就是向皇上请罪。英廉先上奏折，将箭楼开裂的情况和原因说了一遍。和珅接着奏请皇上，说重修正阳门所需款项，由他和英廉自掏腰包，不再用国家一分钱，以抵他们办事不力之罪。

　　　　　　　　　　　　　和珅修正阳门

乾隆爷本来一听这事很生气，但和珅这么一说气又消了一半。于是下令将英廉降三级留任察看，再次重修款项准许由国家开销一半，其余一半由英廉赔十分之七，其他官员也有责，跟着赔十分之三。和珅因为随皇上前往热河，没有在京监修工程，所奏请的处罚一概加恩宽免。

　　当官的对和珅能如此得宠又是嫉妒又是佩服。其实他们不明白，这和珅和皇上早就是一家子了。这年，乾隆给和珅六岁的儿子赐名丰绅殷德，指婚给自己的掌上明珠固伦和孝公主。和珅不光是皇帝的宠臣，还成了皇帝的亲家，如此一来，和珅修的城门楼子就是把皇上砸死，皇上也会免了他的罪。

壹条龙的『宝锅』

在前门大街全聚德的斜对面，有一家门面很小的餐馆，这家店叫"壹条龙羊肉馆"。别看它店不大，它可是正宗的北京老字号。就在新疆、宁夏、陕西、甘肃等西北那一带地方，一提"壹条龙"，那名声也是响当当的。

这家饭馆本来叫"南恒顺"，是一个姓韩的山东人在清朝乾隆年间创办的，比北京做涮羊肉有名的东来顺还要早上百年。当时这家店在前门大街只有一个一间门脸的筒子房，十几个伙计。这种店在前门大街上原本是排不上号的。但南恒顺店里的东西做得很地道，涮羊肉、炒菜、杂面、抻面、烧饼，样样好吃。

光绪年间的一个春天，南恒顺进来了两个客人，其中一个二十多岁，像个主人，另一个四十岁上下，像个仆人。

北京人相互之间都爱说个话聊个天，喜欢对天下大事品头论足。客人进店吃饭，仨一群俩一伙的，要么高谈阔论，要么吆五喝六，就是一个人来的，也会跟掌柜唠上两句。但这两个人，一个人闷头吃饭，另一个小心翼翼地看着那个人吃，随时准备把靠近自己这边的盘子、碟上的东西，放到那个人面前。

掌柜看着别扭，便主动上前招呼，问客人要不要加汤水，问客人这西口进的羊肉吃得顺不顺口。那闷头吃饭的客人不出声，只是问到什么就点点头，似乎表示对吃到嘴里的东西的认可，但绝不出声。掌柜一看没什么可搭钩的了，就准备转身离开招呼别的客人去。就在他一转身的时候，那个一直不说话的客人开口说话了。

"掌柜的。"

掌柜忙回身："您吩咐，我听着呢。"

那人说："再给我们加两个芝麻烧饼。"

掌柜很高兴，忙说："这位客人口正。我们店里最拿手的就是这芝麻烧饼。您喜欢吃，是您赏脸。我再多送您一个。"

三个烧饼送上桌，这个主人模样的招呼一直伺候他的仆人样子的人，说："你尝尝这个烧饼，很好吃。"

那个仆人样子的人这才拿过一个芝麻烧饼，大口吃起来。

两人吃完饭，要掏钱付账，却都拿不出钱来。

掌柜见这两人装束、举止不像是骗吃骗喝的人，就推开拦住两个人的伙计，对那个主人模样的人说："没带钱没关系，您什么时候方便，给带来就行了。"

第二天，宫内一个小太监来送钱，掌柜这才知道原来昨天来吃饭的是当今皇帝光绪爷。他们赶紧把昨天光绪坐过的方凳当作"宝座"供奉起来，不许别人再坐。光绪用过的锅子也供了起来，当成"宝锅"。

真龙天子在南恒顺吃饭的事很快在京城传开了，好奇的人都纷纷来南恒顺看"宝锅""宝座"。从此，南恒顺羊肉馆的顾客更多了，整日里门庭若市，生意更加兴隆。后来，人们说起这家店，便叫它"壹条龙"。但在封建时代，随便称"龙"是有罪的，所以该店门前仍然挂着"南恒顺"的牌匾。直到辛亥革命以后，封建帝制被推翻了，南恒顺才正式挂出"壹条龙羊肉馆"的招牌。但在人们口中只说"壹条龙"，早忘了它的本名"南恒顺"。

永乐娘娘祈雨建圜丘

这天坛里有一个圜丘坛，是皇上祭天的地方，据说是明朝永乐年间修建的。永乐皇上把皇宫从南京迁到北京，干了好几件大事。其中就有修紫禁城，建天坛。紫禁城是皇上自己住的地方，那当然得修了，不然他怎么掌管天下呢。天坛是皇上用来祭天的地方。自此以后，每年皇帝都会到天坛来祈谷祭天，期盼新一年的丰收。那永乐皇上是怎么想起建圜丘坛的呢？

据说，永乐皇上在迁都北京之前，为了江山永固，用了十来年规划北京城的样子，把北京皇城、内城都算计好了，在皇帝位置上坐了好几年后，这才从南京搬到北京来。但永乐皇上进京时，治了山、治了水，就是忘了治治老天爷。

永乐帝在当皇上前，在北京城住过好一

阵子，但那时候他是燕王，满脑子只想着怎么赢得天下，对别的事上心得少。等回到北京当皇上，才发现这地方真是旱得厉害。等到冬去春来，农民要耕田撒种时，天上一滴雨也不下。愁得老百姓没有招儿，只能骂老天爷。永乐皇上是管老百姓生计的，他不能骂老天爷。看到各地报来的闹饥荒的奏折，他也发愁，皇城我可以造，这让天上的雨下来，我可没辙。这事得求老天爷。

这么想着，晚上永乐皇上就做了个梦。梦见他一个人出了皇宫，在地上跑，跑着跑着，就看见脚底下全是白的，再往前面远处一看，全都是白的，白茫茫大地一片真干净。等再往前走才看清楚，原来是地上干得都泛起了白毛，他顿时全身都麻痒起来。口干舌燥的想要水喝，可遍寻不着，根本就没有一滴水。他顿时全身无力，扑通一声双膝跪地，双手高举，仰望苍天，大声喊道："老天爷，求你下场雨吧！"话音刚落，就听"轰隆隆"一个霹雳，从电光中闪出一条大汉，浑身通红通红的。他张开大嘴，说道："娘娘求雨，方可降雨！"说完，大汉没了踪影。永乐惊醒，才发觉这是大梦一场。

永乐帝想，这可能是玉皇大帝的授意。既然娘娘求雨才下雨，就让娘娘干吧。于是他传旨："娘娘求雨三日，天不降雨，不准回宫。"

娘娘听说让她求雨，倒很欢喜。终于有件给百姓做贡献的正经事干了。她问皇上："我哪里求雨啊？"

永乐娘娘祈雨建圜丘

永乐一时也说不出来在哪里好，他去问大臣们。这个时候，永乐刚迁都北京不久，天坛还没有建呢。

祈天求雨，自然要找个高处。宫外的道人做法事，都是搭个高台。诸葛亮在帮着东吴打曹操，仗剑作法借东风时，就是在长江边上搭了个台子。有的大臣提议，既然是娘娘祈雨，在宫里找个清静的地方，搭个台子，就很好。有的大臣反对，说这不行。要祈天求雨就得虔诚。大明江山的兴衰，这次就在娘娘身上了。要做得诚心实意才有效果。争来争去，终于有个大臣引经据典，说出一番话，把众人说服了。他说，《左传》云：天子当阳，左，阳道；右，阴道。南为阳，左为上。娘娘祈天求雨，这台子须搭在紫禁城以南，出正阳门外大道的左边。

永乐皇上依了这位老臣的话，令风水先生选址。风水先生忙活了一通，最终选中了现在天坛的南边，圜丘坛那块地方。当时那里有个小黄土山，远远看去，那小山像块金疙瘩。在这里把台子搭好，用凤辇把娘娘接了过来。

这娘娘常年被关在宫中，少机会到外面来见天地。站到土山高台上，虽然被烈日曝晒，但下面万众瞩目，也乐得做做事。第一天下来，天上没见下雨。娘娘已经累得不轻。皇上不让回宫，晚上就在黄土山边搭个棚帐。虽然是皇家用的棚帐，十分讲究，可也不如皇宫里的房子住着舒服啊。娘娘看着天上的星星，一晚上也没合眼。

第二天，又是一整天。既要按照天师要求的，做那些祈天求雨的动作，还要被太阳曝晒，娘娘终于抱怨上。心说，这是永乐你的天下，你说要为百姓求雨，自己却不来，让我替你受罪，真是个挨千刀的！虽然满心埋怨，可皇上既然有了"天不降雨，不准回宫！"的圣旨，她也不敢自己回去。还得在众人面前撑着体面，晚上回到棚帐里再偷偷流泪。

到了第三天头上，娘娘实在有些熬不住了。站在台子上，身子一个劲地打晃，好像随时可能从台子上掉下去。大臣们忙向永乐皇上报告。

这天上总不下雨，皇上坐在宫里也着急。正在正大光明匾下面走溜儿，听大臣来报娘娘要顶不住了，忙上轿，一路狂奔到黄土山下面。

台上的娘娘远远地看见皇上，这委屈的眼泪唰的一下流了出来。随着娘娘的这波眼泪，只听"轰隆"一声，天裂开了一道"大缝子"，一场大雨从天而降。

娘娘这雨求成了。

永乐皇上于是下旨，就在娘娘祈天求雨的那个小黄土山的地方，建一座圜丘坛，用于皇家每年的祭天祈福。他觉得这块地方，是人与天最接气的地方。在圜丘坛上可以求得上天保佑，年年五谷丰登。

永乐娘娘祈雨建圜丘

正阳门上考刘墉

正阳门在紫禁城的正南面，出了皇城就看见它了。明清两朝的时候，皇帝们一高兴了，就爱到城楼子上来赏玩。传说有一年的元宵节，乾隆爷要与民同乐，于是文武百官拥着他就上了正阳门城楼。站到城楼上往下一看，眼前灯山火海，鞭炮齐鸣，人来人往，热闹非凡。大伙正看着高兴，乾隆爷随口问了跟在身旁的和珅一声："和爱卿，你说这城下来来往往的有多少人哪？"

和珅一下被问愣了，张口结舌半天答不出来。乾隆爷老大不高兴，就回头对刘罗锅说："刘墉，还是你说说吧。"

刘墉眨巴眨巴小眼睛，慢条斯理地说："万岁，下面就两个人。"

和珅刚才是被乾隆爷给问愣了。这下，乾隆爷又被刘罗锅给说愣了。他问刘墉："这

我说就两个人

下面来来往往的这么多人，你怎么说就两个人呢？"

刘墉说："万岁爷您想，不论这天下有多少人，无论怎么分，分来分去也就是男人和女人。一个人是男人，一群男人也是男人。所以我说就两个人。"

乾隆爷一琢磨，这回答说得有点强词夺理，但也不能说回答得不对。正想怎么再给这个刘罗锅子出

正阳门上考刘墉

出难题，让他别那么自以为是，这时，正巧从东往西来了一队出殡的，从西往东来了一队娶媳妇的，两群人吹吹打打地从城楼下面过。乾隆爷来了主意，心说：刘罗锅你小子不是绝顶聪明吗，这次我非得把你考倒不可。他对刘墉说："刘爱卿，我就再考考你，这次如果你答对了，加官两级，俸银千两。如果答错了，就削职为民。"

刘墉不慌不忙地说："皇上请问吧。"

乾隆爷指指城下的人群说："刘墉你说，这一年中生多少人，死多少人呢？"

刘墉眼珠又一转，说："皇上，我说是一年生一个，死十二个。"

乾隆又不明白了，问刘墉："我的国家这么大，人这么多，怎么说一年就生一个，死十二个呀？你要说不明白，这次不光要革职，还要砍头。"

刘墉忙解释说："皇上您想呀，咱们国家再大，生得再多，一年不也就一个属相吗？一年中这人死得再多，他也离不开十二个属相呀！"

乾隆爷这才醒过闷儿来，跟和珅打着哈哈说："都说罗锅子聪明，看来是不假。"

和珅心里这个气。这个罗锅子没被乾隆爷考倒，还加官两级，俸银千两，这个元宵节算过着了。

图书在版编目（CIP）数据

北京中轴线传说 / 杨建业著. -- 北京：作家出版社，
2025. 9. -- ISBN 978-7-5212-3488-6

Ⅰ. I277.3

中国国家版本馆CIP数据核字第2025ND5899号

北京中轴线传说

作　　者：杨建业
内文插图：王东男
责任编辑：宋辰辰　省登宇
封面插图：贾淑媛　邵婧怡
装帧设计：意匠文化·丁奔亮
出版发行：作家出版社有限公司
社　　址：北京农展馆南里10号　　邮　　编：100125
电话传真：86-10-65067186（发行中心）
　　　　　86-10-65004079（总编室）
E-mail:zuojia@zuojia.net.cn
http://www.zuojiachubanshe.com
印　　刷：北京盛通印刷股份有限公司
成品尺寸：142×210
字　　数：150千
印　　张：8.25
版　　次：2025年9月第1版
印　　次：2025年9月第1次印刷
ISBN　978-7-5212-3488-6
定　　价：52.00元